学研の
ヒューマンケア
ブックス

絵で見てわかる！
視覚支援の
カード・教材
100

自分で「できる！」を楽しく増やす

青木高光・杉浦 徹・竹内奏子 著

Gakken

目次

生活編

学習編

著者紹介

この本には私たちが登場しています！
くわしい著者紹介は巻末 (P.142) をご覧ください。

SF好きが高じて、結果ICTが専門になった♪！

アオスケこと
青木　高光
学校法人西軽井沢学園 さや星小学校 校長
独立行政法人国立特別支援教育総合研究所
特任研究員

工作、料理好きが高じて、教材が専門になった♪！

スギスケこと
杉浦　徹
東北福祉大学教育学部

絵を描く養護教諭！別名『画伯！』と呼ばれています。

かな子先生 こと
竹内　奏子
長野市立大豆島小学校 養護教諭

はじめに

「視覚支援」が当たり前に

　私が特別支援教育に携わるようになったころは、「視覚支援」という言葉はまだ一般的ではありませんでした。言葉だけの指示ではやるべきことを理解するのが難しい子に、イラストを使ってスケジュールを提示したり、発語が困難な子に声の代わりに絵カードでコミュニケーションをとる方法を提案したりしても、なかなか受け入れてもらえませんでした。

　そこで、学生のころから「絵カード」でコミュニケーションをとる方法について研究していた私は、現場で働きながら、仲間と一緒にコミュニケーションのためのシンボル・ライブラリ『ドロップス』(P.138参照)をつくりました。

　先生たちが「視覚支援」に取り組みにくい原因の一つに、自分で絵カードを準備する大変さがあると考えています。教員は毎日が本当に忙しく、明日の授業の準備をする時間さえ、あまり保証されていません。仕事をたくさん抱えている先生方が、簡単に絵カードを使える環境を私たちは提供したかったのです。それは自閉症や発達障害、知的障害のあるお子さんの生活を支えているご家庭においても役に立つはずです。

　予想したとおり、ドロップスはまたたく間に広がりました。現在は2000語の語彙があり、日本の特別支援教育の現場で最も広く使われているシンボル集になっています。ドロップス以外にも、さまざまな視覚支援ツールが登場して「絵で見てわかるようにする」手段が徐々に広まることで、障害の有無にかかわらず「子どもたちにわかりやすく伝えることの大切さ」への理解が広がっていったように思います。ですから、今では特別支援学校だけでなく、通常の学校でも「視覚支援」は幅広く行われています。

「視覚支援」はなんのため？

　一方で、ツールの普及と同時に「使ったのにうまくいかない」という話も聞くようになりました。「スケジュールを提示したが、そのとおりにやってくれない」「気持ちを伝えてもらうために用意したのに、絵カードを使わずに勝手に行動してしまう」というような声です。「視覚支援って効果がないんじゃないの？」と言う人もいました。

　いえいえ、そうではありません。それは視覚支援以前に、支援そのものの考え方が間違っているのです。

「支援そのものの考え方が間違っている」なんて、ずいぶん言い切りますね。

スギスケくん。キミだって教員時代にそういう様子を見てきたのでは？

そうですね。今でこそ研究をやっていますが、僕も特別支援学校教員時代はスケジュールを破かれたり絵カードを捨てられたりしましたねぇ。

じゃあ、やっぱりキミも「視覚支援って使えないって」思った？

いや、そうじゃないです。視覚支援って**子どもがやりたくないことをやらせる道具ではない**、ということがわかりました。

そうなんですよ‼

あっ、イラスト担当のかな子先生！

私はドロップスをはじめとして、視覚支援で使うたくさんの絵を描いてきましたが、本職は保

健室の先生なんですよ。保健室で視覚支援をしていて実感するのは、視覚支援は子どもたちにとってまず**わかって安心できる**ツールなんです！

 保健室って身体に不調があるから来る場所で、そこで受ける処置自体が不安になるでしょう？

 検診で目や鼻を診察されるのも不安そうです。

 でも、視覚支援で事前に処置の内容を伝えると、わかって、安心できて、処置や診察を落ち着いて受けられる子がたくさんいるんです。

 授業も同じです。その日に行う課題がどれだけあるかの見通しがもてないと不安になる。

 でも、スケジュールや手順表などを使って「わかる」ようになると**安心してできる！**

「支援」自体を見直そう

　視覚支援をすれば、子どもたちにとって無理な課題ができるようになるわけではありません。実は、学校には個々の子どもの力に合っていない、言い換えれば「今はまだ無理」な課題がたくさんあるのではないかと私たちは考えます。

　例えば、よく忘れ物をする子がいたとします。その子はなぜ、忘れ物をしてしまうのでしょうか？
・「忘れ物をしない」という課題は、今、その子にとって難しいのかもしれません。
・そもそも学校ではどんな物が必要か、わかっていないのかもしれません。
・整理整頓の方法がわからないので、物をなくしやすいのかもしれません。
・持ち物を確認する習慣や生活のリズムがつくれていないのかもしれません。
　わからなくて困っている子には「わかる」環境と「できる」経験が必要です。そのために大切なのは、なによりスモールステップです。一気に大きなことがわかったりできるようになったりすることはありません。身近な課題を小さく分割して、少しずつ「わかる！」「できる！」ことを広げていくのです。

 スモールステップって子どもとの「ゲーム」みたいなところがありませんか？

 そう。どうして困っているのかな？　この絵で説明したらわかるかな？　まだ難しい？　これではどう？　そんなやりとりです。このプロセスを楽しめたら、子どもも先生もラクになるんです。

 そもそも1枚の絵では複雑なことは伝えられないので、結果的にその子にとって必要な情報を端的に伝えるようになります。

 絞り込んだ情報伝達だから、子どもに伝わりやすく、支援も自然とスモールステップになるんですね。

　つまり、情報を厳選して具体的かつ端的に伝えていくと、先生自身が「あれ？　この課題って必要？」と発見することがあります。学校や社会のルールを教え込むのではなく、その子の成長にとって大切なことに絞り込んで丁寧に教えていくことの大切さに気づくのです。「わかる！」喜びや「できる！」達成感をベースに身につけた学びは定着し、社会で生きる力につながります。

　視覚支援をとおして支援全体を見直し、子どもたちにとってよりよい学びと生活づくりにつながっていくこと。そんな願いを込めてこの本を作りました。

　みなさんのよりよい支援のヒントになることを願っています。

２０２１年５月　青木高光

この本の使い方

　本書は「目で見て理解できる」視覚支援のアイデア集です。日常生活の場面から学習のサポートまで、幅広いシーンで求められる子どもの理解を促すために、シンボル（イラスト）を用いた絵カード・教材のアイデアを100点ほど紹介しています。

　付属の CD-ROM には、本書に掲載している絵カード・教材のデータが収録されており、使用したい絵カード・教材をプリントアウトして使えます。また、それぞれの子どもや環境に合わせてオリジナル絵カード・教材を作成しやすいパーツや具体的な使用例なども多数掲載しています。

絵カード・教材の利用方法

■基本

使いたい絵カード・教材をプリントアウトしてそのまま掲示します。
※汚れや劣化を防ぐラミネート加工がおすすめです！

■応用例 1

必要なパーツだけを点線で切り取り、
別紙などに並べ替えて掲示します。

手をあらおう！

■応用例 2

切り取ったパーツをリングで束ね、必要な場面でめくりながら理解やコミュニケーションをサポートします。

★絵カードが足りないときは？

本書に掲載している以外のシンボル（イラスト）の絵カード・教材が
必要なときは、無地のカードを使って作ってみてください。

絵カード番号
CD-ROM にはカード番号で収録

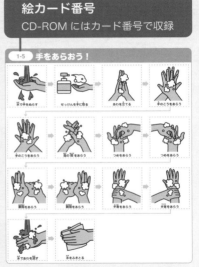

1-5　手をあらおう！

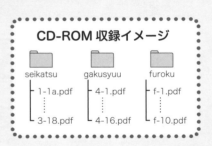

無地のカード

本書の中に複数用意
してあります。

◆付属の CD-ROM について

- 収録しているデータは、PDF データ（.pdf 形式）です。
- ［生活編］［学習編］のデータはカラー版、［付録］はモノクロ版が
  収録されています。
- カード教材の大きさは内容によって異なりますが、基本的に、市販
  のプリンターの A4 サイズで印刷できる大きさになっています。

CD-ROM 収録イメージ

```
seikatsu          gakusyuu          furoku
├ 1-1a.pdf        ├ 4-1.pdf        ├ f-1.pdf
  :                  :                 :
└ 3-18.pdf        └ 4-16.pdf       └ f-10.pdf
```

絵で見てわかる

生活 学習 キホンカード

生 活 編

じぶんのカラダを大切に扱おう
～身だしなみ・身体のケア～

大切だけど意外と難しいカラダのこと

　身だしなみや自分の身体を清潔に保つこと、体調管理は、日常生活の基本のキといえます。身体を健康に保ち、周囲に不快感を与えず、快適に生活することは社会的に大切な行動です。しかし、こうした行動を習慣化させる指導は難しいことがあります。それは、身体の感覚や清潔に関する許容度に個人差があるからです。また、子どもが置かれている環境にも大きく左右されるでしょう。

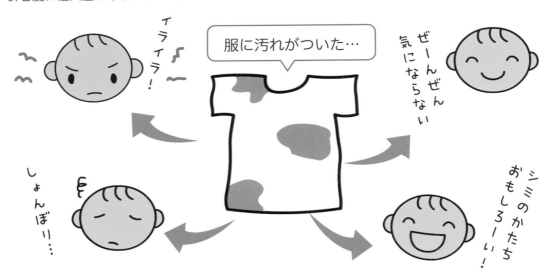

「何を、どのように扱うか」を具体的に指導する

　身だしなみや体調管理を指導するとき、大人はつい「ちゃんと手を洗いなさい」や「ちゃんとシャツをズボンに入れなさい」というような声かけをするケースがよく見られます。ところが、このような言い方には具体的な行動の情報がなく、本人は何をどうすればよいのかわからずに困っていることが多いのです。

手本をもとに、鏡を見て自分で確認する

　この本には、身だしなみや自分の身体のケアの基本的な内容を絵を見ながら確認できるカード・教材を掲載しています。身だしなみについては、最終的に**鏡で自分の姿を見て確認したり、自分の感覚で「これでOK！」と意識できることが大切**です。つまり、指導時に

①清潔のレベルを定めた基準に固定しないこと
②大人が求める高すぎる基準にしないこと

が大事になります。指導というと、徹底したくなる傾向があるようですが、身だしなみを含めた衛生・健康管理の指導は**単にスキル的なものを求めてはいけません**。**個々の子どもの身体の感覚や受け止め方の違いに大きく影響される**ということを理解し、本人の価値観を大切にしましょう。

指導の前に
子どもへの4つの理解

- 身体の感覚を理解する
- 価値観の基準を理解する
- こだわりを理解する
- 受け止め方を理解する

アオスケの ワン ポイント

　ウイルスやバイキンがたくさんいることを示す視覚支援がありますが、イメージが強すぎて、自分の物以外に触れられなくなったり、手洗いを繰り返したり、手洗いの薬剤を手に塗ったまま流したがらなくなったり、といった事例があります。大人の要求水準が高くなりすぎると子どもたちにとって逆効果になることも、頭の隅に置いておく必要があると思います。

バイキンまだいる？

バイキンが怖すぎる…

身だしなみ

☐ つめ 切った？

☐ シャツの すそ 入れた？

☐ ズボンの チャック しまってる？

☐ ねぐせ ない？

☐ ひげ そった？

☐ ハンカチ 持った？

できたら…

☐ かがみで 見て かくにんした？

12

1-1b 身だしなみチェック（B）

□ つめ 切った？

□ ねぐせ ない？

✕

□ シャツの すそ 入れた？

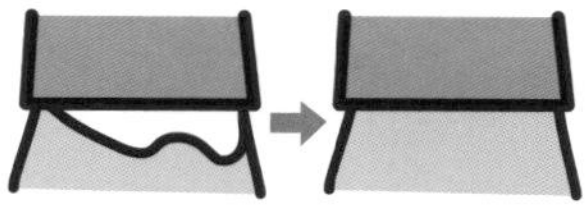

□ くつした そろってる？

□ ハンカチ 持った？

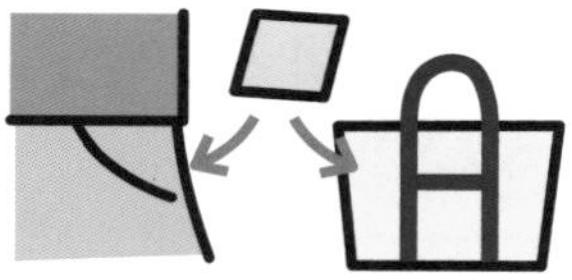

できたら…

□ かがみで 見て かくにんした？

衛生管理

■ 歯科診療

① 歯科診療の絵カードを1枚ずつ切り取り（補強のためラミネート加工をするとよい）、リングなどを使って束ねます。

② 歯科診療の流れが事前にわかるように、診療で実際に使う道具や診療の手順のカードを、子どもに見せながら診療を進めてもらいます。

※「口を開ける」のカードに、実際に使用する診療道具を当てて示し、「この道具を使って治療するよ」と子どもに伝えてもらいます。

③「オッケー（だいじょうぶ）」と「やめて（いやだ）」カードを子どもに持たせて、診療前・診療中に意思を確認します。

次はこれだよ

1-2　歯科しんりょう

台にすわる

エプロンをつける

台をたおす

口をすすぐ

歯をとじる「いー」

オッケー（だいじょうぶ）

やめて（いやだ）

おしまい

口を開ける

● はじめに

リラックスできる
しせいになろう

口を大きく開けよう

● きょうのリラックスグッズは?

タブレット

音楽

かがみ

絵本

しあげみがきのポイント

☐ ブラッシングは、やさしく・すばやく

☐ びんかんな場所（上の前歯など）は、とくにやさしく・すばやく

☐ どこをみがいているのかを知りながら

☐ どのくらいみがくのか、数をかぞえるなどしてつたえ合いながら

☐ すきな曲に合わせてみがいたり、リラックスグッズを使って楽しく

☐ その日の調子に合わせて、無理にやりすぎない

● 終わったら・・・

きれいになったね！
さっぱりしたね！

☐ 下の歯の右側
①

☐ 下の歯の裏側
②

☐ 下の歯の左側
③

☐ 上の歯の右側
④

☐ 上の歯の裏側
⑤

☐ 上の歯の左側
⑥

☐ 上の歯の前側
⑦

☐ 下の歯の前側
⑧

■ 手洗い

① 下記の手洗いの方法はそのまま使用できますが、各パーツで切り取り、子どもの理解・状況に合わせてパーツを選んで1枚の紙に貼り、オリジナルの手洗いカードを作るのもよいでしょう。

② カードはラミネート加工をすると防水でき、衛生的（拭くことができる）に使用できます。

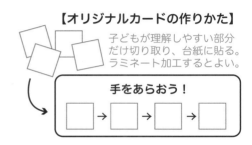

【オリジナルカードの作りかた】

子どもが理解しやすい部分だけ切り取り、台紙に貼る。ラミネート加工するとよい。

手をあらおう！

□ → □ → □ → □

1-5　手をあらおう！

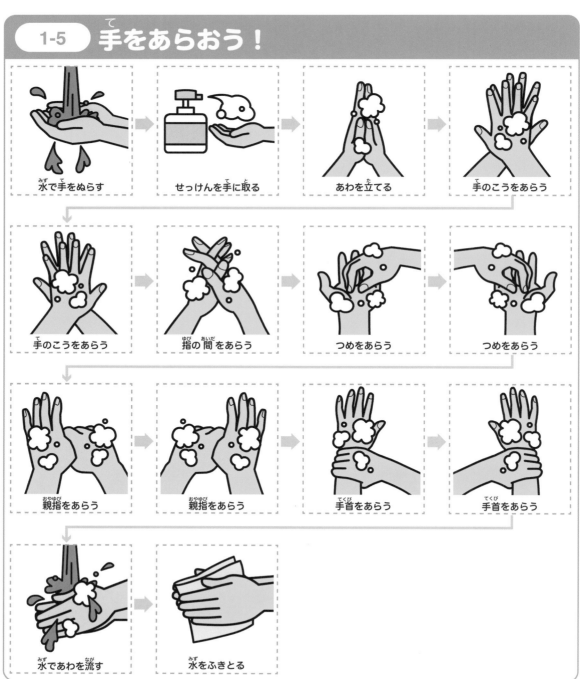

水で手をぬらす

せっけんを手に取る

あわを立てる

手のこうをあらう

手のこうをあらう

指の間をあらう

つめをあらう

つめをあらう

親指をあらう

親指をあらう

手首をあらう

手首をあらう

水であわを流す

水をふきとる

1-6a　うがい（A）

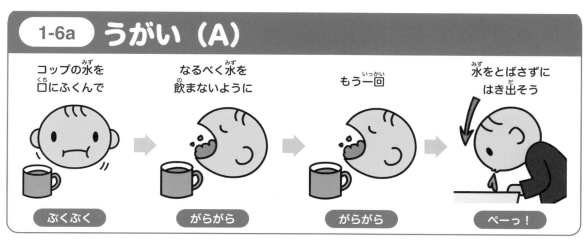

コップの水を 口にふくんで	なるべく水を 飲まないように	もう一回	水をとばさずに はき出そう
ぶくぶく	がらがら	がらがら	ぺーっ！

1-6b　うがい（B）

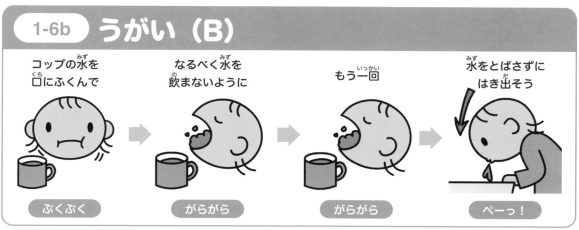

コップの水を 口にふくんで	なるべく水を 飲まないように	もう一回	水をとばさずに はき出そう
ぶくぶく	がらがら	がらがら	ぺーっ！

1-7　洗顔

顔を水でぬらす → あわを立てる → あわでやさしくあらう

水であわを流す → 水をふきとる　きもちいいね♪

※洗顔せっけんを使って顔を洗う一連の動作について、パーツを切り分けて、子どもの理解や状況に合わせて選択したり並べ替えたりして使ってください。
（P.16：［オリジナルカードの作りかた］参照）

1-8　せきエチケット

くしゃみ・せきが
出るときは

ハクション！

コンコン！

とっさのとき

マスクをつける

ティッシュやハンカチで
鼻と口をおさえる

そでで鼻と口をおおう

1-9　マスクをつける・はずす

マスクのつけかた

鼻と口をマスクでおおう

ゴムひもを耳にかける

すきまがないように
鼻までおおう

使いすてマスクのすてかた

片方のゴムひもを持って
マスクをはずす

ゴムひもの部分だけ持つ

ふたのついた
ごみ箱にすてる

手をあらう

トイレマナー

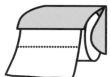

紙の使いすぎに気をつける

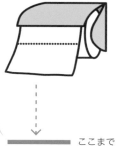

トイレットペーパーが設置された壁に、紙の長さを示す印をつけるとよい。

ここまで

① 紙の使い過ぎに気をつけます。

② 洋式の場合は流すときにトイレにふたをします（感染症予防対策）。

③ 使用後の手洗い習慣を身につけます。

トイレに行く　　　　　　　　　　　　　　　　手を洗う

1-10　男子トイレで立つのはどこ？

　男子トイレ（小）のときは、先に用を足している人がいる場合、できるだけ離れた場所に立つのがマナーです。

　先に用を足している人をトイレの前に立たせて（1〜4人）、自分はどこに立ったらよいか、シミュレーションしてみましょう。

できるだけはなれて立つ

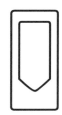 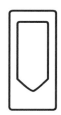 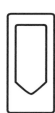 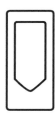   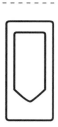

切り取って
使いましょう！

つめ切り

① いすや床に座って、落ち着いてゆっくり行います。

② ティッシュや雑紙などを敷いて、切り落としたつめを集めやすくします。

手のつめ切り

足のつめ切り

①つめ切り練習カードの作りかた

※子どもの手足の大きさに近くなるように拡大して使用するのがおすすめです。

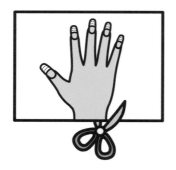

①手と足のイラストを、外側の線に沿って切ります。

②ラミネート加工をして、少しふちを残して、切り抜きます。

②つめ切り練習カードの使いかた

つめの点線に沿って、つめを切り落とす練習をしてみましょう。

足も同じように練習しましょう。

（手）

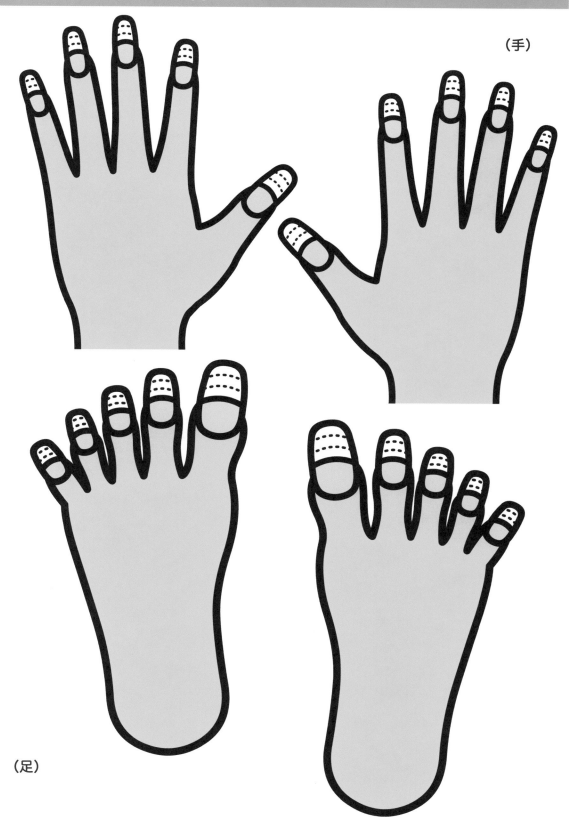

（足）

入浴

【オリジナルカードの作りかた】

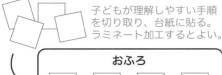

子どもが理解しやすい手順を切り取り、台紙に貼る。ラミネート加工するとよい。

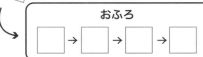

おふろ

① 入浴時の手順は、個人の習慣や好みがあるので、下記の手順のパーツを切り取り、子どもの理解と状況に合わせて並べ替えて提示するとよいでしょう。

② カードはラミネート加工をすると防水でき、衛生的（拭くことができる）に使用できます。

1-12a　おふろに入る

シャワーをあびる

かみをあらう

体をあらう

ゆぶねに入る

顔をあらう

体をふく

ザブーン！はダメ

■ 脱衣の管理

脱いだ服を置く場所（カゴなど）をあらかじめ決めておき、その場所にカードを貼るなどして、子どもがわかるようにしましょう。

1-12b　ぬいだ服とパジャマの管理

カゴなどを使って、脱いだ服とパジャマの置き場所を用意しましょう。カゴの前後でスペースを分けるなどの工夫をしてもよいでしょう。

カゴにカードを貼る

ぬいだ服

パジャマ

季節と服装

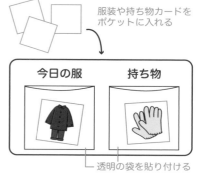

服装や持ち物カードを
ポケットに入れる

今日の服	持ち物

└─ 透明の袋を貼り付ける

① 気温と服装の目安をあらかじめ考えます。下記の［服装の目安］
　カードに、自分に合った気温を書き入れます。
② 下記の（服装カード）をパーツごとに切り取ります。
③ 右図のように、厚紙にカードが入る大きさの透明の袋を貼り付
　け、上部に「今日の服」「持ち物」と書き入れます。
④ 天気予報を参考に服装を決め、「今日の服」の透明ポケットに
　入れて提示します。出かけるときには身につけなくても、持って出かけたほうがよいものを「持ち物」
　の透明ポケットに移します。

1-13 服装の目安

暑い
　℃くらい

ふつう（すごしやすい）
　℃くらい

すずしい
　℃くらい

寒い
　℃くらい

暑い
　℃くらい

ふつう（すごしやすい）
　℃くらい

すずしい
　℃くらい

寒い
　℃くらい

（服装カード）

シャツ　　カーディガン　　上着　　コート　　てぶくろ　　マフラー

体調の管理

■ 自分の体調を伝える

　［自分の体調を表情で示すカード］と［自分の体調を具体的に示すカード］をそれぞれパーツごとに切り分け、自分の心身の調子をカードを使って伝えます。

※付録①［けんこう管理シート］（P.105）で体調を聞く際にも、このカードを活用できます。

1-14 体調をつたえる

［ 自分の体調を表情で示すカード ］

とてもよい

よい

あまりよくない

よくない

体調がすぐれないときはさらに具体的に尋ねます。

［ 自分の体調を具体的に示すカード ］

頭がいたい

苦しい

気持ち悪い

はいた

のどがいたい

ねつがある

せきが出る

くしゃみが出る

おなかがいたい

歯がいたい

ねむい

まぶしい

寒い

暑い

かゆい

1-15 うんちチェック

かたい ←――――――――――――→ やわらかい

かたい
または
コロコロ

ふつう

やわらかい
または
ニョロニョロ

水のよう
または
ドロドロ

1-16 鼻のかみかた

ティッシュを取る

息をすってから

口をとじて息を止める

鼻にティッシュを当てて
片方の小鼻を手でおさえ
鼻から息を出す
(左右少しずつくり返す)

鼻水が出たら
ティッシュでやさしくふく

使ったティッシュは
ごみ箱にすてる

1-17　体温をはかる

体温が表示される部分を
内側に向ける

わきの下にはさみ
少しおし上げる

30°～45°
うでを軽くおさえる

はかり終わりを知らせる
音が鳴るまで待つ

非接触型の体温計でのはかりかた

体温計を見せて
はかることを知らせる

体温をはかる

1-18　手のアルコール消毒

アルコールを
手のひらで取る

手のひらを合わせて
すりこむ

指先とつめのまわりを
こする

指先とつめのまわりを
こする

指の間をこする
（左右を入れかえる）

手首をこする

手首をこする

手がかわくまでこする

● 定期健康診断の項目を示すカードです。パーツごとに切り取って使います。

服をぬぐ	くつしたをぬぐ	服をカゴに入れる	服を着る	身長	体重
視力表	視力（右）	視力（左）	聴力検査	聴音の様子（右）	聴音の様子（左）
レントゲン台の前に立つ	眼科けんしん（右）	眼科けんしん（左）	聴音ボタン	耳のけんさ（右）	耳のけんさ（左）
鼻のけんさ	内科けんしん	歯科けんしん	手にはさむ	足にはさむ	むねにきゅうばんをつける
台にねる	体を起こす	そでをまくる	消毒をする	注射を打つ	注射したところをおさえる
いすにすわる	いすから立つ	（　　　　）	（　　　　）	（　　　　）	（　　　　）

1-19b 視力けんさ

左目をかくして、
右目で視力表を見ます。

目をかくすとき、強くおさえすぎない
ようにしましょう。

先生の説明（*1）を聞いてから、
左目をかくしたまま、
先生の質問に答えます。

右目をかくして、
左目で視力表を見ます。

右目をかくしたまま、
先生の質問に答えます。

*1：1-19c［視力けんさのやりかた］カードが使えます。

※この［視力けんさ］カードを参考に、1-19a［けんこうしんだん］（P.27）を使って、視力以外の検
　査項目の手順もまとめることができます。

マルが開いているほうを
指をさして教えてください。

左

右

上

下

いつもの指導を見直して
子どもも大人も楽しくラクに！

アオスケ　スギスケ　かな子先生

おしゃべりコラム

歯磨き指導から考える
身だしなみ・身体のケアで大切なこと

**子どもに合わせて
楽しく！ わかりやすく！**

本書には、カードを使って指導、支援をわかりやすくするという目的があります。支援は「こうあらねばならない」ではなく、子ども一人ひとりの状況に合わせて楽しく考えていこうというのが私たちの思いであることを読者の方々にお伝えしたいです。そこで、身体のケアについて具体的な指導を例にあげて語り合ってみたいと思います。

身だしなみ・身体のケアの中でも『歯磨き』は、まず身につけてもらいたい大切な生活習慣の一つです。歯と口腔内を清潔に保つことは、健康に関わることなので、まずは、養護教諭のかな子先生、気をつけたいことを教えてください！

やはり、指導において「こうあらねばならない」が先に立つと危険ということ。これをまず念頭においてほしいと思います。

…と、いいますと？

大人が作っている？！ 落とし穴

当たり前のことですが、歯並びは一人ひとり違うじゃないですか。歯の間に食べ物のカスが詰まったのを、ずーっと気にしている子って、いるでしょう？

います！ それが気になって何もかも手につかなくなってしまう子。そういう子には、歯磨きのほかにフロスや歯間ブラシの使い方などもちゃんと教えなくちゃいけないのでしょうか？！

…その「ちゃんと教えなくちゃいけない」に、落とし穴があるんです。歯間ブラシを使うということがこだわりになって、毎回出血するまで続けてしまう子もいますよね。

 何事も『過ぎたるは及ばざるが如し』なんですね。支援に当たっては、本来の目的以外のところにこだわりが生まれやすいことに注意しなくては…。

そうなんです！ 歯磨き指導で最も重要なのは、まず口の中の感覚過敏についてよく考えることです。

口の中の感覚は人それぞれ

 なるほど！ 歯並びと同じで口の中の感覚も一人ひとり違うということですね。でも、その子ごとの感覚の違いに気づくこと自体が難しいような気がしますが…。

 そうです。だから私が大切だと思うのは、「一緒に磨く」ことなんです。

 大人が一緒に磨くんですか？！

 はい。私は、大人が子どもと一緒に楽しく歯磨きをする［しあげみがきチェック（P.15）］を提案しています。歯磨きは、歯を清潔に保つことが目的ですが、そのためには、日々繰り返すことで習慣化し、「磨かないと気持ち悪いな」という感覚を身につけることがポイントです。

 自分たちも歯磨きを習慣化することで、ある意味「よいこだわり」を身につけてきたんですね。口の中がさっぱりすることで、歯を磨くという行動が強化される…と。そうなれば子どもにとっても、歯磨き＝気持ちいい活動になりますよね！

 その習慣を身につけるには、「幼いころから大人と楽しく歯磨きをする」ことが大事になります。そもそもみがき残しが多い時期は大人の手でしあげ磨きをすることが必要になります。［しあげみがきチェック（P.15）］は、歯磨きのポイントを支援者と子どもが一緒に理解できるようにしています。

大人と一緒に楽しく取り組む習慣を

 一緒に口の中をきれいにする共同作業というスタンスで取り組むんですね。

 はい。歯磨きタイムを一緒に楽しんでもらいたいです。リラックスグッズが必要な子には、それを選択してもらうのもよいと思います。

 お気に入りグッズは動機づけになるかも！

 あと、しあげ磨きは、大人にとっては物が詰まりやすいポイントや歯ぐきの状態を観察する機会にもなります。上手に磨けている場所はほめて、磨き残しのあった場所はそこに課題があるんだなと、おおらかに捉えてもらいたいです。

 そうか！ 共同作業が上手にできたら、一緒に喜んで、ちゃんとほめてあげたいですね。相手にゆだねる時間が上手に過ごせるようになると、子どもたちのコミュニケーションの幅も広がりますね。

 こういうこと一つひとつに「他者とのやりとり」のチャンスがありますし、その中で相互作用って生まれるんだなぁと思います。しあげ磨きも大切な感覚の共有、習慣づくり、そしてコミュニケーションになるんですよね。この話は口の中だけではなく身体すべてに通用することです。一人ひとり身体の感覚は違うし、清潔に関する意識や捉え方も同じではありません。そういった個人差を踏まえて、楽しく習慣化することで、自分の身体を大切に扱うことが快適な生活につながると実感できるようにしたいですね。

 そうですね！！

気持ちのよい毎日を過ごすために①
～日常生活のマナー＆生活習慣を身につけよう～

マナーや生活習慣は「気持ちよく過ごすため」

　タイトルに掲げた「気持ちのよい毎日」とは、子ども本人はもちろんですが、子どもを取り巻く周囲の人たちも含みます。**「お互いに気持ちよく」生活することが結果として子どもの笑顔につながる**という考え方から、日常生活のマナーを身につけることはとても大切です。その指導の際に気をつけたいのは、「より正確に」や「徹底」を強いないことです。子どもたちに不要なプレッシャーを与えたり、「しなければならない」ことばかりに終始して本来の目的が伝わらないと、子どもにとっては苦痛でしかなくなってしまうからです。

他者との関係を円滑にするためのもの

　日常生活のマナーの例として、「あいさつ」について考えてみましょう。あいさつができていないという子は、実はそもそも「他者」への注意が向いてない場合も多くみられます。そのため、相手からのあいさつというサインを見逃したり、あいさつのタイミングを見誤ったりしてしまうのです。

　あいさつは一人ではできません。相手の存在を意識することがまずは大切になります。ですから、「自分があいさつする相手」ではなく「自分にあいさつをしてくれた人」を思い出すことから試してほしいと思います。その際には、あいさつをしてもらった言葉やそのときの気持ちを振り返ることが有効な場合があります。

　あいさつだけでなく、日常生活のマナーの多くは周囲の人たちとの、よりよいコミュニケーションのためのものであり、それらは双方向のものです。人と関わることの楽しさや気持ちのよさを子どもに体験してほしいものです。

日常生活の習慣を身につけるには「成功経験」から

人はみな、朝起きてから寝るまでの間に、さまざまなことをこなさなくてはなりません。生活習慣とは「それを行うことでより快適に過ごせる」ためのものですから、習慣づけを指導するときに、失敗経験を強調するのではなく、「できた！」経験をほめることから始めてください。

日常生活のマナー＆生活習慣の指導は…

「こうすればいいのか」と
わかる手がかりがあること

「できた！」経験をほめて
成功経験を積み重ねること

指導で大切なポイントは、

①命令服従的な指導をせず、行動の手がかり、ヒントがあること

②小さな「できた！」（成功経験）を積み重ねていくこと

です。そして、子どもが自信をもってできる行動力が増えてきたら、次は自分も周囲も快適に過ごすにはどうすればよいか？と、子ども自身が自分の行動について主体的に考える機会をもてるように、段階的な支援を心がけたいものです。

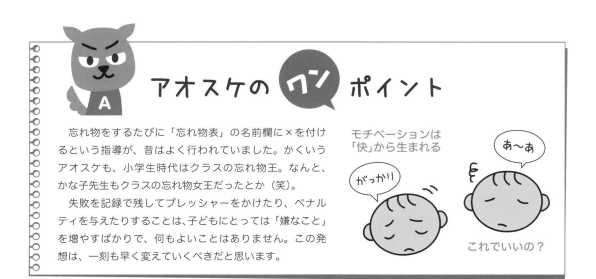

アオスケのワンポイント

忘れ物をするたびに「忘れ物表」の名前欄に×を付けるという指導が、昔はよく行われていました。かくいうアオスケも、小学生時代はクラスの忘れ物王。なんと、かな子先生もクラスの忘れ物女王だったとか（笑）。

失敗を記録で残してプレッシャーをかけたり、ペナルティを与えたりすることは、子どもにとっては「嫌なこと」を増やすばかりで、何もよいことはありません。この発想は、一刻も早く変えていくべきだと思います。

モチベーションは
「快」から生まれる

がっかり

あ～あ

これでいいの？

持ち物の管理

【マグネットボードの使いかた】

月曜日	毎日

■ 持ち物チェック

① [持ち物カード] をパーツごとに切り取り、両面マグネットシート
　に貼ります。裏面にはすべて「持ったよ！」カードを貼ります。

② マグネットを貼るボードは2つのスペースに分け、各スペースに、「その日だけ必要な持ち物（例：曜
　日の表記）」と「毎日の持ち物」を表示します。

③ [持ち物カード] を参考に持ち物の準備をします。準備できたらマグネットを裏返します。

2-1a　持ち物カード

すいとう	体操服・水着 給食ぶくろ	おたよりケース	うわばき	教科書
ノート	筆箱	宿題・提出物	弁当	本
さいふ	かぎ	定期券	けいたい電話	ハンカチ
ポケットティッシュ	生理用品	薬	（　　　　）	持ったよ！

マグネットの裏面に
貼ってください。

持ち物チェックのやりかた

① [持ち物カード]（P.34）を切り取ります。

② かばんの絵の上に1枚ずつカードを置いて確認します。

③ 自分でカードを見ながら、実際のカバンに実物を入れます。

④ ほめます。

バッチリだね！

2-1b 持ち物チェック用の台紙

※上の中から、実際に使うカバンに似ているカードを切り取って、[持ち物カード]（P.34）を並べられるくらいの大きさに拡大コピーしてお使いください。

時間の管理

※大人は、子どもが自分で考えてカードを選び並べていくのをサポートします。
行動と時間を細かく決めすぎるとかえって混乱してしまうことがあります。目安になる行動だけ時間を決めて、ほかは「やることリスト」としてチェックするなどにしてもよいでしょう。

■ 朝のしたく

① 朝、起きてから出かけるまでの間に何をするかを考え、時間と行動を示す［朝のしたく］カードを作ります。時計には時間を示す針を、その下には時間を示す数字を書き込みます（どちらか一方でも可）。

② ①の下に、その時間にやることを、切り分けたパーツから選んで貼ります（必要に応じて時計の表をコピーして増やしてください）。

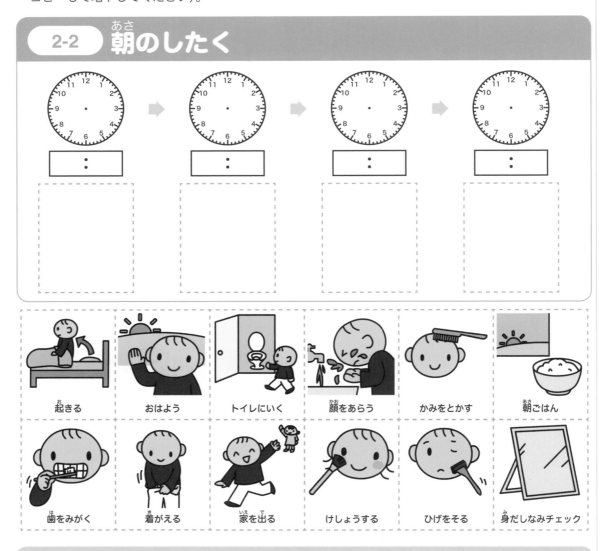

【遅刻防止対策】

　［朝のしたく］カードを作るときに、最初に家を出る時間を設定して、家を出る時間からさかのぼりながら、やることと時間を書いていくのがおすすめです。

■ 帰宅後にやること

① 家に帰宅後、寝るまでに何をするかを考え、時間と行動を示す［帰宅後にやること］カードを作ります。時計には時間を示す針を、その下には時間を示す数字を書き込みます（どちらか一方でも可）。

② ①の下に、その時間にやることを、切り分けたパーツから選んで貼ります（必要に応じて時計の表をコピーして増やしてください）。

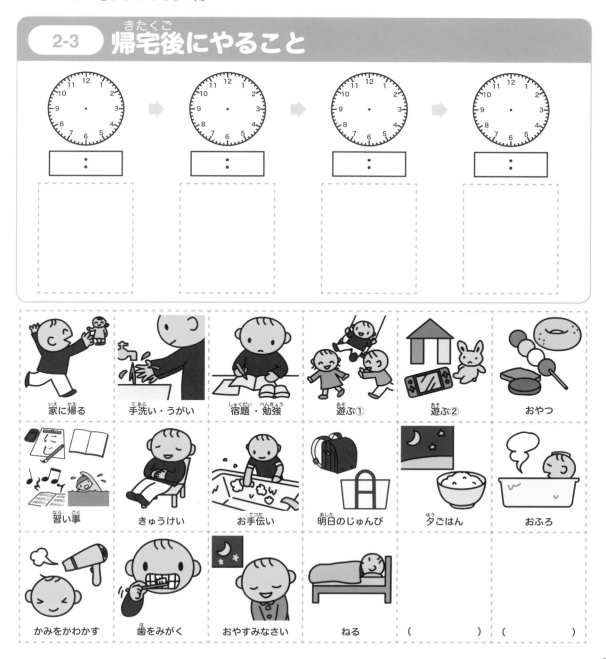

■ 自分の（すき間）時間を見つけよう

[1日のスケジュール] カードを使って、すき間時間（＝自分の時間、余裕）を見つけます。

① 以下の表は、朝6時から夜0時までを1時間（15分刻み）で表しています。

② 毎日やることを下記のように分類し、□に色を塗ります。

③ 色を塗らない部分が（すき間）時間です。

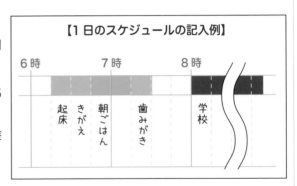

【1日のスケジュールの記入例】

■１週間・１か月のスケジュール

- １週間を１つの単位として予定を記入するカードです。□の中には日にちを記入し、下部にその日の予定を記入します。

- ４枚つなげて並べると約１か月分になり、１か月という単位が意識できます。

- １週間分もしくは１か月分をホワイトボードなどに掲示するのがおすすめです。

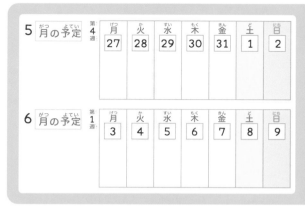

この［１週間スケジュール］カードは、月曜日はじまりになっています。

例えば、１日が土曜日から始まるとき、前の月の月末から続けて書きます。

子どもが月ごとに区別したい場合には、月初から新しいカードを使用してもよいでしょう。

| 2-5 | ### １週間スケジュール |

切り取って使いましょう！

月の予定

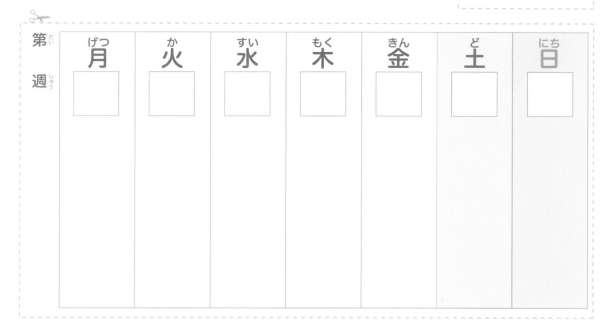

■ 年間スケジュール

1年間のスケジュールは、誕生日などの関心の高いプライベートなイベントを入れると、目安になって把握しやすくなります。

学校ではクラスメイトの、家庭では家族の誕生日を入れて、主な年間行事を掲示するのがおすすめです。

① [行事カード] はパーツごとに切り取って、[年間スケジュール表]（P41）に貼って使います。
② 日にちや場所が決まっている場合、カードの下に書きます。
③ 誕生日はカードの下に誕生日を迎える人の名前を書きます。

4月	5月	6月
始業式	誕生日	家庭参観
6日	5日 おとうさん	12日
誕生日	遠足・校外学習	
10日 田中くん	25日 動物園	

2-6a 行事カード

入学式　卒業式　始業式　終業式　運動会　授業参観

学習発表会　遠足・校外学習　春休み　夏休み　冬休み　旅行

誕生日　誕生日　お楽しみ会　テスト　休日　（　　）

（　　）（　　）（　　）（　　）（　　）（　　）

1月	2月	3月	4月	5月	6月

7月	8月	9月	10月	11月	12月

あいさつ

① 自分にあいさつをしてくれた人にチェックします。

② あいさつをしてくれた人にあいさつを返してみます。

③ おじぎのしかたなど、あいさつをするときの基本的なルールも確認しておきましょう。

2-7 あいさつチェック

あいさつを してくれた
人は だれかな？

☐ イヌ

☐ ネコ

☐ バスの運転手さん

☐ 先生

☐ 校長先生

☐ お母さん

☐ デイサービスの人

☐ きょうだい

☐ 自分

☐ 近所の人

☐ 友だち

☐ お父さん

☐ 駅員さん

☐ せんぱい

あいさつを してくれた
人は だれかな？

☐ イヌ

☐ ネコ

☐ バスの運転手さん

☐ 先生

☐ 校長先生

☐ お母さん

☐ デイサービスの人

☐ きょうだい

☐ 自分

☐ 近所の人

☐ 友だち

☐ お父さん

☐ 駅員さん

☐ せんぱい

朝	～10時ごろ	昼	～18時ごろ	夜

「おはよう」
「おはようございます」

「こんにちは」

「こんばんは」

「おやすみなさい」

あいさつ いろいろ

「バイバイ」
「さようなら」

「いってきます」

「ただいま」

「いってらっしゃい」

「おかえりなさい」

あいさつにつづく話題は？

○ 話題にしやすいこと→天気や気候

たとえば

「いい天気ですね」

「今日は寒いですね」

「昨日は暑かったですね」

晴れ

雨

くもり

暑い

寒い

✕ 話題にしないこと→見た目のこと、ねんれいのこと、お金のこと など

たとえば

「太っていますね」

「なんさいですか？」

「いくら持っていますか？」

太っている

やせている

ねんれい

あいさつの基本

あいさつする相手とのきょり

人の身長は両手を広げたときの長さと同じくらいです。
相手とのきょりの目安にするとよいでしょう。

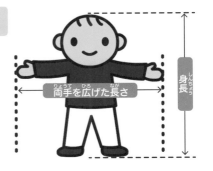

両手を広げた長さ

身長

おじぎのしかた

相手の顔のほうを見ます。
※「相手を見るときの場所」を参考にしましょう。

【軽いおじぎ】

少し頭を下げて
足もとを見ます。

【しっかりおじぎ】

手でひざがさわれるくらい
こしをまげます。

相手を見るときの場所(視線)

自分が落ち着いて見られるところを知り、
そこを見るように決めておくとよいでしょう。

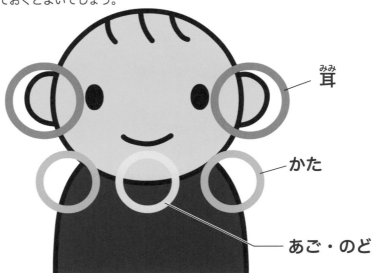

耳

かた

あご・のど

ハンカチ・服のたたみかた

たたんでみよう！

いろいろな場所とルール

■ 場所とルール

場所によって、気をつけなければならないルールがあります。どんなルールがあるか考えてみましょう。

たとえば、こんなルールがあります。

食べてはいけない
飲んではいけない

走ってはいけない

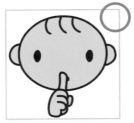

しずかにする

ならんで待つ

① 下記のカードを点線で切り取り、[場所とルールのチェックシート]（P.47）を使って、公共の場でのふるまいかたについて話し合ってみましょう。

② ルールに沿った行動には「○」、やってはいけないことには「×」カードを置いて確認します。

走る	おしゃべり	立つ・止まる	歩く	歌う・おどる
しずかにする	話さない	本を読む	電話する	メールやネットを使う
遊ぶ	食べる	飲む		

場所とルールのチェックシート

たとえばここではどうする？ と考え、カードの中から正しいふるまいをえらんで、ここにおきましょう。

- ☐ 図書館
- ☐ 映画館
- ☐ ショッピングモール（お店）
- ☐ 歩道
- ☐ 公園（広場）
- ☐ バスや電車の中
- ☐ 駅のホームやバスてい
- ☐ レストラン

■ 声の大きさ

① 学校における場面ごとにふさわしい声の大きさを確認してみましょう。

② 学校以外の場面でも、どんな声の大きさがふさわしいか、考えてみましょう。

2-12

声の大きさかくにんシート

場所によって声の大きさをかえます。

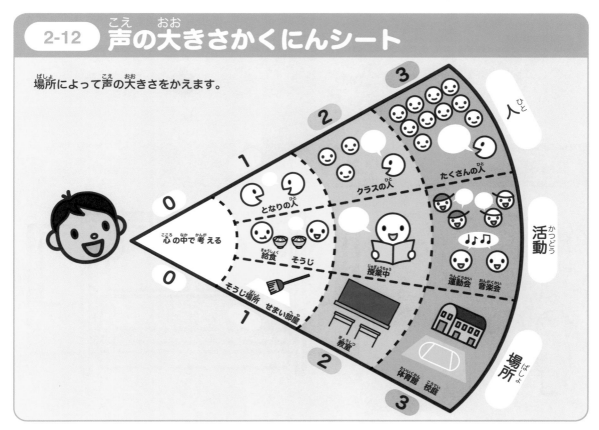

47

乗り物の乗りかた

■ バス・電車で座る場所

① バスや電車など、公共の乗り物に乗るときに先に人が座っていた場合、自分はどこに座ったら（立ったら）よいかを、切り取った人型カードを並べて考えます。赤色の人型は自分です。

② エレベーターなどのような限られたスペース内に入るときも、空いている場合は周りの人と距離をとったほうがよいことも伝えておきます。

2-13a　バスに乗るとき　　切り取って使いましょう！

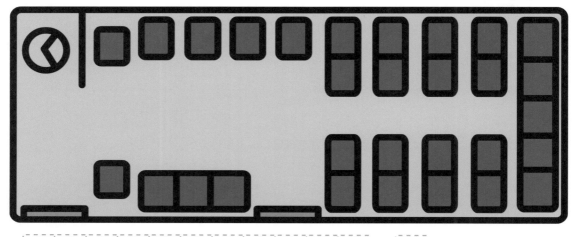

自分

2-13b　電車に乗るとき　　切り取って使いましょう！

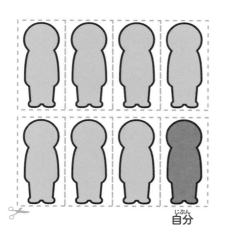
自分

■ 自転車に乗るときのルール

① 自転車は、基本的には車道の左側を走ることなどを確認しましょう。

② 通学路などの表示も調べてみましょう（地域によって表示方法などが異なる場合があります）。

2-13c 自転車に乗るとき

きほん

車道の左側を
走行する車と同じ向きで
走ります。

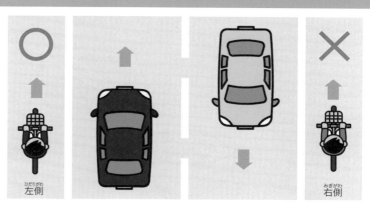

左側　　　　　　　　　　　　　　　右側

歩行者・走行車のゾーンが
分かれていない道路の場合

自転車は進むほうに向かって
左側を通行します。

歩道を走らなければ
ならない場合

左側通行で、車道側を
走ります。

自転車道の表示がある場合

自転車と自動車の
共有スペースです。

気をつけよう！

人は？　　車は？

しっかり前を見ながら
前後・左右からのとび出しに注意！

✕ダメだよ！

ヘッドホン

けいたい電話

片手にかさ

49

食事と食べ物

2-14 はいぜんの基本

おかず

ごはん

しるもの

ひだり
左

右
みぎ

2-15 はしの使いかた

①

えんぴつを正しく持つように
はしを1本だけ持つ

②

親指のつけねに2本目の
はしを通して薬指で支える

③

上のはしだけ動かす

こんなことをするとあぶないよ！

✕

はしをくわえたまま何かをする

✕

はしの先を人や物に向ける

食事のマナー

○

楽しいふんいきで食べよう

おすすめの食べ方

ごはんやしるもの、おかずをかわりばんこに食べると、おいしく、体にもいいよ。

おかず

ごはん

しるもの

× 食べるときはすわっていよう

× おしゃべりは、口の中に食べ物がなくなってからにしよう

2-17 **食べ物とえいよう**

エネルギーのもとになる

体をつくるもとになる

体の調子を整える

51

■ 食事量の調節・食事での意思表示

① [食べるりょう宣言カード] を使って、そのときに「食べられる量」を具体的にイメージしてみましょう。

② 自分の体調を考えながら、自分に合った量に調節できるようにしていきます。

③ 言葉にして伝えることが難しい場合には、カードを示して伝えることができます。

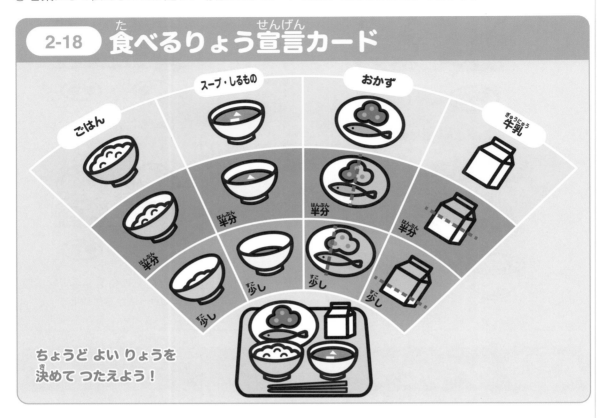

食事のメッセージカード

自分の意思を絵でつたえたいときに使います。

持つ・使う・渡す

2-19 物の持ちかた・使いかた（食事）

ちゃわん

カップ

スプーン

おぼん

きゅうす

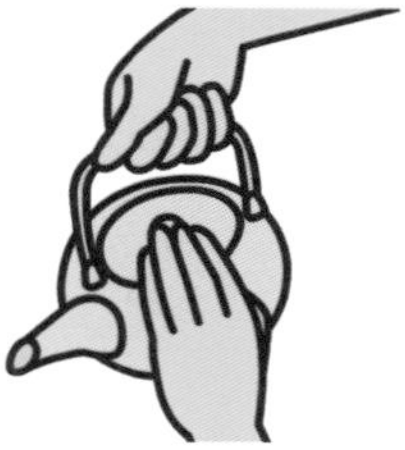

フォークとナイフ

あついものが入ったうつわ（両手）

おたま

持ちかた

よそいかた

皿をおたまに近づけてよそいます。

または

包丁

〇

×

または

持ちかた

または

あぶないよ！

持ちかた

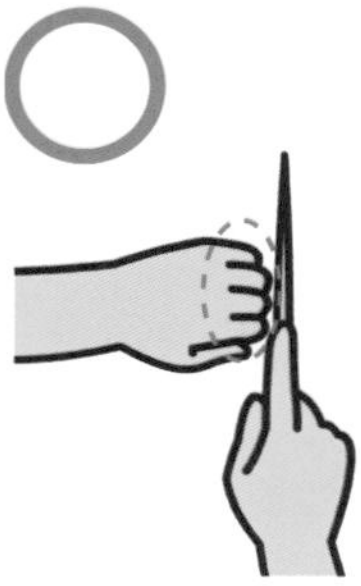

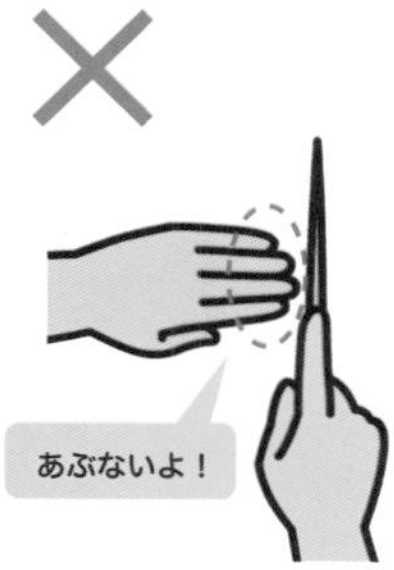

切りかた

2-20 物の持ちかた・わたしかた（日用品）

CD、DVD

くつ

かさ

かさの先は、自分の足の近く、まっすぐ下に

えんぴつ

横から見たところ

はさみ

持つほうを相手に向けてわたします。

持ちかた　　　　わたしかた

上から見たところ

カッター

または

はをしまってから、持つほうを相手に向けてわたします。

持ちかた　　　　わたしかた

2-21 物のわたしかたのコツ

物をわたす人のほうに顔を向ける

両手で持ってわたすと、ていねい

54

そうじ・かたづけ

2-22a ぞうきんのしぼりかた・ふきかた

ぬらしたぞうきんを内側にひねるように
ギュッとしぼります。

広げて、手の大きさに合うように
四つ折り（または二つ折り）にします。

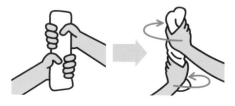

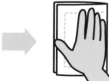

つくえの運びかた

いすをひっくり返して、
つくえの上にのせます。

ふきのこしがないように、はじからふきます。

① ②

よごれたら、きれいな面に変えて
折り直します。

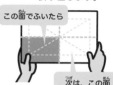

この面でふいたら

次は、この面

つくえの両はじをつかんで
持ち上げて運びます。

2-22b ほうき・ちりとりの持ちかた・使いかた

自在ほうき

短いほうき

両手で持って使います。

せの高さに合うところを
持ちます。

片手で持って使います。

① ② ③

ちりとりの先をゆかにつけて、
後ろは少し持ち上げます。

ほうきではきながら
ごみを入れます。

一度にごみが入らないときは、
ちりとりを少し後ろにずらして
ごみを入れます。

広い場所では、フラフープをおいて、
その中にごみを集めるようにすると
まとめやすいです。

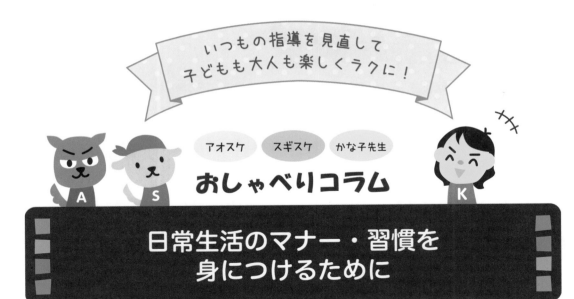

いつもの指導を見直して
子どもも大人も楽しくラクに！

アオスケ　スギスケ　かな子先生

おしゃべりコラム

日常生活のマナー・習慣を
身につけるために

謎マナーに気をつけろ！

基本的なマナーや習慣を身につけることは大切ですが、まずは、マナーって何？習慣って何？と、少し整理して考える必要があるように思います。

そうですよね。そもそもマナーやエチケットというのは、多くの場合は他者に不快な思いをさせないために身につける作法のことです。そして、自分と他者とでは、何を不快と感じるかの個人差がかなりあります。

しかも、過剰に他人の目を気にする傾向があるといわれている日本社会では、時代に合わせてマナーが変化するだけでなく、なぜか変な方向へ向かうことがありますよね。例えば、最近よく言われる「謎マナー」。

そう！　あれはホントに「??」って感じですね。

例えば名刺1枚渡すにしても、名刺入れの上で持ってうやうやしく差し出さないといけないとか、会議中はその名刺を机の上に並べておかなければいけないとか…。

名刺を先に相手に受け取らせようとタイミングを図って変な動きになったりして、「いい大人が、何やってるんだ？！」って思いますよ。

名刺が本当に必要ならば、サッと出してパッと渡せばいいと思うんですよ。昔はほとんどやっていなかったような変なルールがいつの間にか増えて、日本が窮屈で堅苦しくなっていくような気がしてなりません。

…なんかおじさん犬たちが吠え出しましたね。それで気づきましたけど、謎マナーって本来の「人を不快な気持ちにさせない」からすっかり逸脱して、勝手に決めつけたマナーを守れない人を「社会人としてなっていない」などと言って減点対象にするためのものになっている。だからなんだかいやな感じがするんですねぇ。

そうですよ。だから学校では「マナーを身につけて卒業させないと本人が困る」という発想になりやすい。でも、身につけていないマナーがあったとしても、別に相手が不快な思いをしなければいいわけです。

社会にはいっぱいありますよね。「本当に必要？」というマナーが。目上の人には「ご苦労様」ではなく「お疲れ様」と言わないといけないとか、指示に対して「了解しました」と言ってはいけないとか。

こんな言葉遊びレベルの答え合わせにみんな気を取られて疲弊している現代社会…。

すでに社会は謎マナーの蔓延に歯止めがかからない感があります。最近の話題だと、オンライン会議で入室の順番にこだわるとか、偉い人を上に表示させるための機能をつけるようにソフトウェア開発会社に要望を出すとか…。

子どもたちをマナーの洪水で溺れさせない

そんな状況で子どもたちが苦しまないようにするには、どんな支援が必要なんでしょう？

ありきたりですが、まずはマナーや習慣の必要性の基本に立ち返る、ということです。本当に必要なマナーって？習慣って？と問い直す姿勢を常にもつことです。教員自身が社会の謎マナーをうっかり取り入れて指導してしまうこともあり得ます。
また、支援の手段の話になりますが、視覚的に伝える場合は、内面的なことや、細かな手順は伝えにくい、という面があります。だからこそ、要点を絞って伝えることが重要で、結果的に「必須のマナーや習慣」を明確にすることになります。

では、必須のマナーや習慣ってなんでしょう？

 やはり身だしなみ、服装、あいさつがいちばんの基本ではないでしょうか。でも、身だしなみの基本となるのは、日常的な健康管理です。いくらその日に見た目を整えようと思っても、日ごろから歯磨きや清潔の習慣づけができていないとダメですよね。毎日の生活を整えるための環境をできるだけ早くつくることです。

遅刻しない、時間を守るというのも、その背景には、ある程度規則正しい生活ができるかということがあります。

そうですね。あまり極端な時間厳守や、早寝早起きを強いる必要はないのですが、ある程度は決まった時間に寝て、決まった時間に起きる習慣づけが

必要です。生活リズムが整えば結果として健康につながるわけですから。
そして、ここでも、減点法での支援をしてはいけないことが重要です！
[あいさつチェック（P.42）]のように、あいさつしてもらううれしさからあいさつを前向きに捉えることから始めて、自分の行動につなげていく。あとは、自分でやる経験をできるだけ増やす、ということが大事です。[持ち物チェック（P.34）]でもお伝えしているとおり自分で確認できるツールを使って、**自分でできた！を味わう経験が必要**です。

 例えば、食事のマナーにしても、パスタはお皿を持って食べてはいけない、すすってはいけないというのも、いろいろな食事のバリエーションを経験しないとわからないことですよね。同じ麺類でも蕎麦、うどん、ラーメンではマナーが違います。

しかもそれらは周囲の支援者の見本が大切になります。マナーは言葉だけでは通じにくい。支援者は自分がモデルになりながら「一緒にやってみよう」という姿勢が必要ですし、子どもは大人たちがやっていることを案外しっかり観察しているものです。

なるほど〜。僕のように京都で生まれ育つと、自然と美しい立ち居振る舞いが身につくようなものですね！

それは知らんけどな。

マナーを身につけるには日常の習慣があってこそで、その習慣をつくるには周囲の大人の見本と環境づくりが必須、ということですね。

気持ちのよい毎日を過ごすために②
～自分で「できる」ことを増やしていこう～

年齢とともに変わる日常生活の困りごと

　日常生活でマナーやよい習慣を身につければ困りごとはなくなる…というわけにはいきません。一人で世の中に出ていく機会が増えれば、社会性や自立に向けた生活力などが求められますし、子ども自身も、大人の手を借りずに「自分（一人）でやってみたい」と思うことが増えてきます。その気持ちを「できないからダメ！」と言って大人が手を貸してばかりでは、子どもの成長の芽を摘むことになります。一方で、いきなり「はい、一人でやっていきましょう！」ということでもありません。社会性や自立に向けた生活力を育むためには、日常生活を送る中で、少しずつ自分一人でできることを増やすサポートをしていくこと、そして見守ることが大切です。

「買い物学習」から考える社会性の第一歩

　子どもたちにとって自分の好きな物を選んで買うことは、自分の意思を表現する場面であり、理屈なしに楽しいことでしょう。しかし、一人でお店に行って買い物をすることが簡単ではない場合も多いようです。
　買い物には、さまざまなスキルが要求されます。例えば、コンビニエンスストアで買い物をするとき、求められる行動は以下のようなものがあげられます。

①ドアを開けて店に入る
②陳列棚に行き、買いたい物を選ぶ
③カゴなどに入れて、レジまで持っていく
④代金を財布から出して、支払う
⑤おつりを財布にしまう
⑥ドアを開けて店の外に出る

　買い物が難しいのは、それぞれの行動を獲得していなければならないことと併せて、これら一連の流れを間違えないでやりとげなければならないからです。最初に一連のプロセスを教えていく支援が必要だということがわかるでしょう。

「どうすればよいか」わかっていないことがある

　実際に、買い物の行動の流れを理解していないために、万引きを繰り返していたというケースもあります。前述の③④⑤をすっかり飛ばして、①②から⑥にいってしまったのです。大人にとって常識的なことでも、実は、理解していないために誤った行動をしてしまうことがあるのです。支援者が行動の順番を理解しているか確認しながら教えていき、様子をみながら少しずつ支援の手を減らしていく方法がよいのです。

　「買い物」を例としてあげましたが、人が世の中で生きていくには、さまざまなスキルが必要です。まず支援者が丁寧にそのやり方を示しながら教えていき、子どもがスキルとともに自信も身につけることができれば、前向きに社会に出ていくことができるのではないでしょうか。

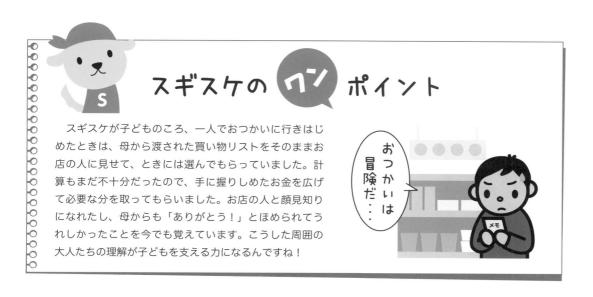

スギスケの ワン ポイント

　スギスケが子どものころ、一人でおつかいに行きはじめたときは、母から渡された買い物リストをそのままお店の人に見せて、ときには選んでもらっていました。計算もまだ不十分だったので、手に握りしめたお金を広げて必要な分を取ってもらいました。お店の人と顔見知りになれたし、母からも「ありがとう！」とほめられてうれしかったことを今でも覚えています。こうした周囲の大人たちの理解が子どもを支える力になるんですね！

買い物・お金や書類の管理

■ 買い物をする

① 子どもは［買う物メモ］に買いたい物のカードを貼ってリストアップしておきます。

② 店に行き、［買い物のしかた］の内容に沿って買い物をします。

3-1a　買う物メモ

こんにちは！

を、買いにきました

アイス	ジュース・お茶・水	カップめん	おにぎり	サンドウィッチ	おかし

肉まん・あんまん	弁当	文具

3-1b　買い物のしかた

買い物スタート

① お店に入り買いたい物を取りに行く

② 買いたい物をレジに持って行く

いらっしゃいませ～

③ 買いたい物をレジに持って行く

〇〇円です

お金をはらい、おつりをさいふにしまう

④ おれいを言ってお店を出る

ありがとうございました

ありがとう

ゴール！

■ おこづかいを管理する

① **(見本)** を参考に、家庭で話し合って「おこづかいの決まりごと」を書きましょう。

② ［おこづかい］［おこづかい管理］の表は封筒に貼って使えます。子ども自身がお金を出し入れした内容を記録します。

3-2 おこづかいの管理

(見本)

おこづかいの決まりごと

| おこづかいをもらう日 | 毎月 10 日 |

● がっこうへ いくときは、 さいふをもたない

● ともだちに おかねを かしたり、 かりたりしない

● おこづかいかんりシートに きろくする

●

●

おこづかいの決まりごと

| おこづかいをもらう日 | |

●

●

●

●

●

おこづかい

おこづかいをもらったら、受け取りサインを書こう。

月　日	金額	受け取りサイン

おこづかい管理

お金を入れたとき、出したときには、かならず記録します。

月　日	ふくろに入れた金額	ふくろから出した金額	のこりの金額

■ 買いたい物リストを作る

① 下記の**（見本）**を参考に、自分で［買いたい物リスト］（P.63）を作ってみましょう。

② 下記の**（カード）**は切り取って［買いたい物リスト］の ☐ に貼って使います。

（見本）

（カード）

| 3-3 | 買いたい物リスト |

買いたい物（予定）

がつ
月

	買いたい物	お店の名前	ねだん	気持ち	どうする？	メモ
1				☐ ぜったい買う ☐ ほしい ☐ あったらいいな	☐ 買う ☐ お金をためて買う ☐ まだ買わない ☐ あきらめる	
2				☐ ぜったい買う ☐ ほしい ☐ あったらいいな	☐ 買う ☐ お金をためて買う ☐ まだ買わない ☐ あきらめる	
3				☐ ぜったい買う ☐ ほしい ☐ あったらいいな	☐ 買う ☐ お金をためて買う ☐ まだ買わない ☐ あきらめる	
4				☐ ぜったい買う ☐ ほしい ☐ あったらいいな	☐ 買う ☐ お金をためて買う ☐ まだ買わない ☐ あきらめる	
5				☐ ぜったい買う ☐ ほしい ☐ あったらいいな	☐ 買う ☐ お金をためて買う ☐ まだ買わない ☐ あきらめる	

レシートをはろう

■ 家で１か月にかかるお金を調べよう

① 生活に必要な費用（電気代やガス代など）を保護者に聞いて調べることで、目に見えないものにも毎月お金がかかることを知ります。

② 自分が働くようになったときのお金の使い道を考えてみましょう。

3-4　家で１か月にかかるお金 調べ

おうちの人に聞いてみましょう。

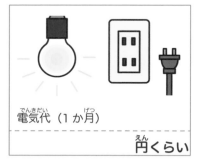

電気代（1か月）

円くらい

ガス代（1か月）

円くらい

水道代（1か月）

円くらい

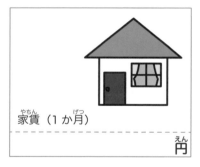

家賃（1か月）

円

食費・食材費（家族1か月）

円くらい

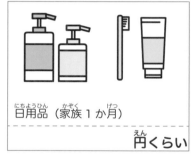

日用品（家族1か月）

円くらい

交通費・ガソリン代（家族1か月）

円くらい

月謝（じゅく・習い事）

円

旅行やお出かけ（家族で1回）

円くらい

インターネット・電話代
（家族1か月）

円くらい

本・ゲームやおもちゃ
（家族1か月）

円くらい

洋服やおしゃれ（家族1か月）

円くらい

紙類（書類・プリント）の管理

A3サイズの紙を二つ折りして、仕分けカードをはります。

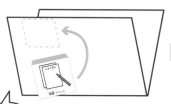

※上部はインデックスになります。

クリアファイルにはさみます。

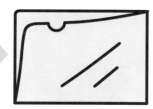

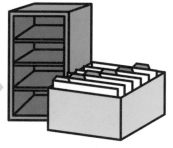

ファイルごとに分けてたなや箱にしまいます。

仕分けカード

どんなもの

保護者にわたすプリント

授業・宿題のプリント

じゅく・習い事のプリント

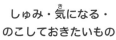

しゅみ・気になる・のこしておきたいもの

手紙・はがき

すてる前にかくにんしたいもの

いつまで

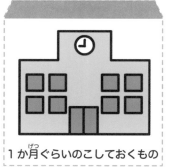

1か月ぐらいのこしておくもの

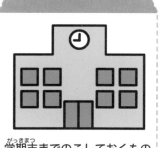
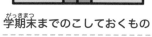

学期末までのこしておくもの

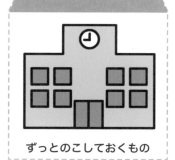

ずっとのこしておくもの

約束・人間関係

次の体育の時間は
サッカーを
やるよ！

わーい！

ところが…

■ 約束（予定）の変更をする際のポイント

- できるだけ早めに変更を伝えます（朝の会の時間に、その日の予定の変更内容を掲示するなど）。
- 口頭だけではなく、視覚的に情報を伝えます。
- なくなった予定に×を書き入れ、新しい内容を書き足します。
- 場所や持ち物の変更など、気をつけたいことも書き入れるとよいでしょう。

3-6 スケジュール表

（例）　　　　　　　　　　　　○月 ×日 （　）曜日

	（ じゅぎょう ）	（　　　ばしょ　　　）
1	こくご	
2	さんすう	
3	たいいく	~~こうてい~~ → たいいくかん
4	せいかつ	
5	ずこう	ずこうしつ
6		

変更するときは
赤で×する

3-6 スケジュール表

月　　日　（　　）曜日

	（　　　　　　　）	（　　　　　　　　　　）
1		
2		
3		
4		
5		
6		

やくそくのしかた

やくそくで決めること			
いつ？	だれと？	どこで？ どこへ？	何をする？

やくそくしたことをかえたいとき

できるだけ早くつたえる　　ごめんなさいを言う　　かえたいことをつたえる

やくそくをかえたいと言われたら？

しんこきゅうする　　相手の話を聞く　　へんこうする内容を
かくにんする　　へんこうすることを
予定表などに書き直す

ことわりかた

たとえばこんな理由で

・ほかにやくそくがある
・今は一人でいたい
　　　　　　　　　など

ことわりたいとき
どうしたらよいでしょう？

いっしょに遊ぼう！

じょうずなことわりかた

気持ちをつたえるあいさつ

ことわる
⬇
相手の気持ちにこたえることが
できない、ということ
⬇
相手が悲しい気持ちに
ならないようにつたえます

さそってくれてありがとう

でもね…

ごめんなさい

理由をつたえる

ほかに
やくそくが
あるんだ

係の仕事が
あるんだ

今やっていることを
やめたくないんだ

代わりにできることをていあんする

明日はどう？

ちょっと待って
くれたら…

これが終わったら
声をかけるよ

仲間に入りたいとき

仲間に入りたいな…

いっしょに
遊びたいな…

どうしたらいいでしょう？

友だちのそばに行って ➡ 仲間に入れてくれたら

・笑顔で
・友だちの顔を見る
・友だちに聞こえるように

仲間に入れて
くれる？

いっしょに
遊びたいな

ありがとう！

仲間に入れて楽しい・うれしい
気持ちをつたえます。

3-10 友だちがないているとき

たとえばこんなとき

どうしたらいいでしょう？

理由を聞く

だいじょうぶ？
（心配している気持ちをつたえます）

どうしたの？
（ないている理由を聞きます）

だいじょうぶ？

どうしたの？

話を聞く

友だちの返事をゆっくり待ちます。
（友だちからなかなか言葉が出てこない
ときは、友だちの話を待ちましょう）

話を聞くよ

それはつらいね

できることを考える

ぼくに（わたしに）
何かできることが
あるかな？

友だちが助けを
もとめていたら ➡

大人の人（先生）に相談する

外出中の「困りごと」対応

■ 困っていることを伝えたいとき

① 外出時の「困った！」の対応について事前に話し合っておきましょう。

② パニックになって混乱しないように、［こまった！をつたえる］カードを携帯して、第三者に助けを求める、必要な人に連絡をする方法を確認しておきます。

3-11 こまった！をつたえる

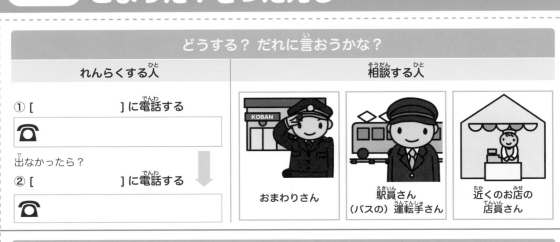

どうする？ だれに言おうかな？

| れんらくする人 | 相談する人 |

① [　　　　　　　] に電話する

☎

出なかったら？

② [　　　　　　　] に電話する

おまわりさん　　　駅員さん（バスの）運転手さん　　　近くのお店の店員さん

どうしてこまっているの？

わからない　　具合が悪い　　見つからない　　トイレに行きたい　　大変なこと
まよった　　苦しい・つらい　　　　　　　　　　　　　　　　　　　（トラブル）にあった

点線で切り離し、中心の赤線で山折りにして表と裏で貼りつけます。外出時に携帯すると便利です。

山折り ―――――

■ 遅刻しそうなとき・パニックになりそうなとき

① ［ちこく・パニックお助けカード］に、主な連絡先をあらかじめ書いておきます。

② 遅刻しそうなときは、カードを参照して連絡先に電話し、遅刻する旨と到着予定時間を伝えます。

③ 遅刻しそうでパニックになりそうなときは、自分の心の状態に最も近いカードを選んで、その理由を
考えてみます。

点線で切り離し、中心の赤線で山折りにして表と裏で
貼りつけます。外出時に携帯すると便利です。

山折り ———

71

事件・事故
じけん・じこ

電話番号
でんわばんごう

 **110** 番
ばん

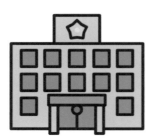

火事・救急
かじ・きゅうきゅう

電話番号
でんわばんごう

119 番
ばん

電話をかけたら…　【 通報の お・は・し 】
でんわ　　　　　　つうほう

おちついて

はなしを聞いて
き

しつもんに答えよう
こた

知らない人から声をかけられたら…

いっしょに行こう！

いっしょに来てくれる？

ちょっと来て！

おもしろいから、おいでよ。

・ついて行かない
・話さない
・はなれる

どうする？

交番に行く
（おまわりさんに
話す）

駅に行く
（駅員さんに話す）

近くの店ににげる

おうちの人・学校
にれんらくする

ぼうはんブザーを
ならす

助けてほしいときはあわてずにSOSカードを見せます。

SOSカード

助けてください！

気持ちの切り替え

■ 気持ちスイッチ

① 黙とうをするように目を閉じて心を落ち着かせる［しずかモード］と、身体を大きく動かして気分を発散させる［元気モード］を体験してみましょう。

② 休み時間から授業へ、休憩時間から活動時間へなど、スムーズに気持ちを切り替えたいときに使います。時間の区切りや動きは、子どもの状態に合わせて調整しましょう。

3-15　気持ちスイッチ

しずかモード	元気モード

しずかモード

着席　　　　体育座り

手を組んでしずかに目をとじます。

気持ちスイッチ、しずかモード、オン

元気モード

【カラダじゃんけん】

グー　　　チョキ　　　パー

手をむねの前で合わせます。　手を耳の横に合わせます。　うでをのばし大きく広げます。

【カラダじゃんけん】
カラダじゃんけんポーズを使って、じゃんけんゲームをします。

【まねっこじゃんけん】
大人が出したじゃんけんと同じポーズをとります。できるだけ早く、ポーズをとるようにします。

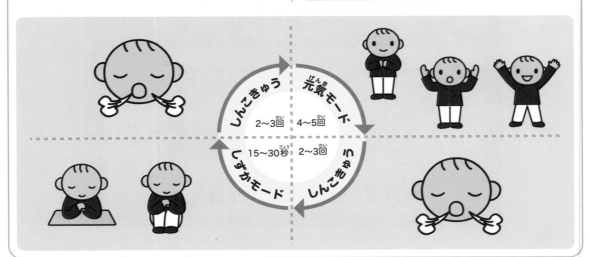

しんこきゅう　2〜3回
元気モード　4〜5回
15〜30秒　2〜3回
しずかモード　しんこきゅう

① 「今の気持ちに近いのはどれかな？」と問いかけ、自分
　の気持ちに目を向けさせます。
② 「ほかにも今の気持ちに近いのはあるかな？」と言い、
　感情を表す言葉を増やしていきます。

> この教材は
> - 一覧表のままで使う
> - 絵カードをパーツごとに切り分けて綴じ
>   て使う
>
> など、扱いやすい方法で利用してください。

3-16　気持ちのものさし

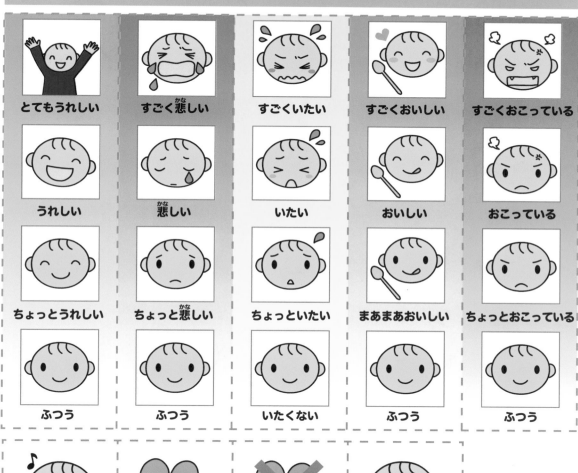

とてもうれしい	すごく悲しい	すごくいたい	すごくおいしい	すごくおこっている
うれしい	悲しい	いたい	おいしい	おこっている
ちょっとうれしい	ちょっと悲しい	ちょっといたい	まあまあおいしい	ちょっとおこっている
ふつう	ふつう	いたくない	ふつう	ふつう

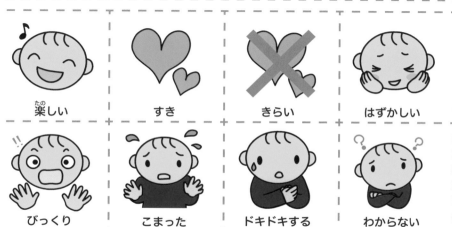

| 楽しい | すき | きらい | はずかしい |
| びっくり | こまった | ドキドキする | わからない |

■ リラックス

① 自分なりのリラックス法を見つけましょう。

② 授業のはじめやクールダウンしたいときなどに［リラックスこきゅうほう］を試してみましょう。

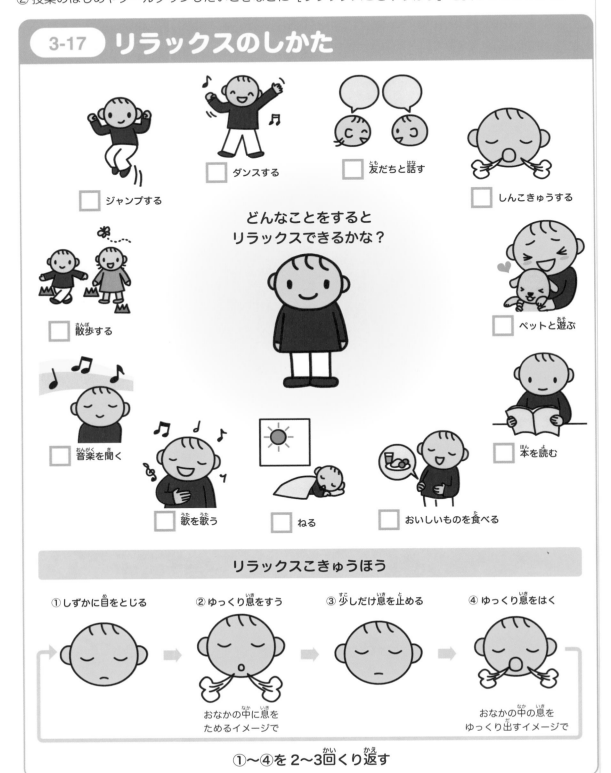

調　理

① ［基本シート］［手順カード］を点線で切り取ります（ラミネート加工をするのがおすすめ）。
② 大人は子どもと一緒にカードを並べながら手順を考え、確認します（基本シート：**見本**参照）。
③ 手順を確認しながら実際にカップめんを作ります（最初は大人と作りましょう）。

3-18　作って食べよう 〜カップめん〜

基本シート

（見本）

つくってたべようシート
本日のメニュー「 　カップめん 　」

　電気ケトルで
お湯をわかす

メニューを書く

　カップめんのふたを
半分まで開ける

　お湯を内側の線まで
入れる

手順カードの中から
必要な手順を選んで
並べる

　ふたをして3分待つ

つくってたべようシート
本日のメニュー「 　　　　　　　　　」

手順カード

電気ケトルで お湯をわかす	カップめんのふたを 半分まで開ける	ふたをして3分待つ
計量カップで水をはかる	中の「かやくぶくろ」と 「スープ」をとり出す	カップめんのふたを 取る
やかんに水を入れる	ふくろの中の「かやく」 だけを カップに入れる	「スープ」を入れて まぜる
やかんでお湯をわかす	お湯を内側の線まで 入れる	

アオスケ　スギスケ　かな子先生

おしゃべりコラム

日常生活での困りごとを減らすために
～視覚支援という視点から考える～

ダイエットはなぜ難しい？

 うーん…。

 どうしたんですか？ かな子先生。

 お子さんの体重増加のことを保護者の方から相談されましてねぇ。

 ダイエット…ですか？

 そうなんです。このお子さんは小学部のころから、毎年 10 キロぐらいずつ増えてしまっているんです。

 毎年 10 キロ！ それはすごい。小学部から中学部にかけては成長期ではありますが。

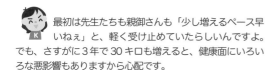 最初は先生たちも親御さんも「少し増えるペース早いねぇ」と、軽く受け止めていたらしいんですよ。でも、さすがに 3 年で 30 キロも増えると、健康面にいろいろな悪影響もありますから心配です。

 それだけ増えるということは、やはり食べる量が多いのですか？

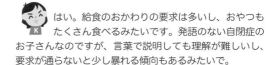 はい。給食のおかわりの要求は多いし、おやつもたくさん食べるみたいです。発語のない自閉症のお子さんなのですが、言葉で説明しても理解が難しいし、要求が通らないと少し暴れる傾向もあるみたいで。

 それなら、まずは食べる量を視覚的に伝えてみてはどうでしょう。

 なるほど！ やはりまずは視覚支援からですね。提案してみます！

［2か月後］

 かな子先生、あれからどうですか？ 先日のお子さんのダイエットの成果は。

 なかなか難しいです。体重が減りません。

 視覚支援がうまくいっていないのですか？

 給食では、ご飯はお茶碗 3 分の 2、汁物は 7 分目までと、量を決めて丁寧に絵で伝えています。「おかわりください」の絵カードも用意してあって、カードを出したときだけ、お茶碗 5 分の 1 だけ足すというルールにしています。ご家庭でも給食とルールを統一してもらっているのですが。

 でも、うまくいかないんですか？

大好きなカレーなどのときは我慢できないので、暴れてしまうんです。仕方がないので、少しだけ増やして、本人に納得してもらっています。それに、ご家庭ではおやつをなかなかセーブできないそうです。絵カードを描いている私が言うのもなんですが、やはり、視覚支援には限界があるのでしょうか？

いえ、視覚支援の限界ではなく、使いかたが間違っているんですよ。子どもの反応に振り回されてしまっている。そもそも、強い欲求があるものを、絵を示すだけで抑えられるか？といったら、それは難しいことですよね。

ということは、つまり？

視覚支援というのは**子どもたちがどう行動すればよいかわかるように、目で見てわかる形にする**ということです。暗黙の了解とか、当たり前だと大人が思うようなことも、実は子どもにとっては明確でないことが結構あります。ですから、視覚支援を手がかりに、自分で「できる」ようにすることが大事です。

視覚支援で示せば我慢できる、と思うのは間違いなんですね。

はい。「○○しない」だけを視覚支援で伝えてもうまくいきません。「○○する」を示さないと。そして、それができたときにほめる、ということが必要です。

もちろん、食べる量を図で示すことは間違っていません。でも、今できていないことだけにアプローチしてもうまくいかないことが多い、ということです。

「食事量の制限」という、本人にとって難しいことだけにアプローチしていてはダメなんですね。では、何か「できる」ことを探すとすると…？あっ！食事量の制限の反対は、運動量の増加！

それは無理だ〜！あ、しまった。つい心の声が…。

そんなこと言わず、最近めっきり体重増加が気になるお年ごろのアオスケ先生、スギスケ先生も一緒に運動しましょう。では、先生と親御さんに相談して、楽しくできる運動メニューを考えてもらいます。

［さらに２か月後］

聞いてくださいよ！

どうしました？

ダイエット、うまくいっています！
前回の話を参考に
（１）苦手なことから取り組ませず、できることを増やしていく
（２）食事制限に力を注ぐより、まずは運動量を増やす
に視点を切り替えました。

すばらしい！…で、具体的には？

彼が暴れたり、活動を拒否したりするのは、実は「何をやればよいかわからない」ときが多かったんです。ですから、まず、１日のすき間時間を減らして、視覚的なスケジュール提示を徹底しました。すると、暴れるような行動が減ったのです。そして、今までなら何をしたらよいか決まっていなかった時間の部分に、彼が簡単に取り組める楽しい運動メニューを入れてもらったんです。

おお！まさに「できることに取り組む時間」を増やしたのですね。

その運動メニューは必ず彼がうまくできる内容にして、クリアしたらきちんとほめる、ということを徹底しました。そして、彼がそれを楽しむようになってきたら、少しずつ運動の負荷を増やしていきました。

まずはできることから取り組んで、次に「運動量」を増やすことにつなげたんですね。

なんと、この方法で無理なく２か月で２キロ減！
さあ、お二人も！

…ちょっと今何いっているか聞こえなかったけど（汗）、彼に視覚支援の大事なポイントを教えてもらった気がします。**「あいまいさをなくして、何をすればよいかわかる」**ことから始めるのが肝心ですね。

視覚支援が必要だと
気づいてもらえない困難

 ところで、一見障害があるようには見えない子どもたちは、視覚支援が必要だということに気づいてもらえないことがあるようですね。

ごく普通に会話ができる発達障害の子などは、本人も何がうまくできなくて困っているのかがわからないことがありますね。

整理整頓ができなくていつもプリントをなくしてしまう子とか。本人は本当に「整理の方法自体」がわからなくて苦しんでいるけれど、周囲の大人は「整理しなさい」という「指示」をするだけとか。それができないと「真面目にやっていない」という評価をされたりする。

そうですね。そんな子には私がやっている書類やプリントの整理方法［紙類（書類・プリント）の管理（P.65）］を教えてあげたいです。
これは、異なる内容の書類を混ぜないということを徹底するための一つの手段ですごく簡単です。でも、こうした具体的な手順を教えないと、すべての書類がごちゃ混ぜになってしまう人が実は大人でも結構多いですよね。

お金の管理とかもそう。「大事に使いなさい」とか「計画的に使いなさい」では意味がない。

そうなんです！ お金が大事なのはわかっているのですが、その「優先順位」がわからない。

名言が出ましたね〜！ お金は大事。でも、使い道の優先順位は教えてもらわないとわからない。教えてもらってもイメージがわかない。そういう大人もたくさんいます。だから視覚的に分類して、整理するところから始めないとダメなんです。

 例えば一人暮らしをするまでは、どんなところにお金がかかるか知らないということはよくあります。

 ですから、お金のように「有限な」物こそ、視覚支援でイメージをもって、使いかたのシミュレーションをするのにぴったりですし、その必要性が

高いんです。これには［買い物やお金の管理（P.60〜64）］が役に立ちますね。

 できれば先生たちには、これを参考にして、学校にいる間に子どもたちに「お金を稼いで使う」という流れの体験をさせてほしいと思います。

作業学習でガンガンお金を稼ごう！ですか？

いやいや、そうではなく、むしろ作業製品販売のような学習とは別にやってほしいです。ここで大事にしたいのは、稼ぐことではなくて、使うことなんです。

 お金を稼ぐための力ではなく、使う力、ですか？

はい。自分なりに使い道の計画を立てられることが大事です。知的にはそれほど高くない子でも、丁寧に学習すれば、自分のほしい物を買いに行けるようになる子はたくさんいます。
これまでの特殊教育・特別支援教育は「働けるようになること」に比べて「適切なお金の使いかた」や「よりよい余暇の過ごしかた」の指導が十分じゃなかったように思います。本来は趣味を大事にしたり、お金を使って楽しめるように、将来に向けての力をプランニングしていくことが大事だと思います。

今までは、子どもたちを外に出すと心配、が先に立っていたような気がしますね。

 もちろん、町に出れば困ったことがいろいろ起こるでしょう。だからこそ［こまった！をつたえる（P.70）］や［きけんから身を守る（P.73）］なども活用して、いろいろな場面を想定しながら練習しておけるとよいですね。

お金を上手に使えるようになれば、交通機関を使うとか、食事場所を決めるとか、待ち合わせをするなど、生活のスキルの幅がグンと広がりますね。

卒業生を見ていても、自分の趣味や楽しみにしている活動がある子のほうが強いような気がします。学校を卒業してからの人生のほうが長いのだから、自分の好きな活動ができてイキイキと生きていく子に育てていきたいですね。

絵で見てわかる

生活 **学習** キホンカード

学習編

一人ひとりの学びを支えよう
～『"わかる"が楽しい！』学びの土台～

漢字学習から考える「学び」の負のスパイラル

　学生時代に漢字テストで、とめ・はね・はらいでバツをつけられた経験のない人はおそらくいないのではないでしょうか。しかし、今はすでに多方で明らかにされているように、とめ・はね・はらいの有無では漢字の正誤は決まりません。簡単に言えば、とめても、とめなくても、はねても、はねなくてもどちらでも正解ということになります＊。

　ところが、いまだにこの事実があまり広く知られていないと感じることがあります。関心のある方は、ぜひ、漢字指導の基本となる常用漢字表の「付表」を確認してください。付表には、正解となる例が多数あげられています。例えば、木（きへん）の2画目をはねてもよいことや、扌（てへん）の2画目ははねなくてもよいことがわかります。

どちらも正解

学ぶことが「つまらない」と、嫌い・苦手に

　子どもにとって、誤りではないものに不必要にバツをつけられることは、どう考えてもその学習にマイナスの効果をもたらすことになるでしょう。世間でよくいわれる「漢字嫌い」は、漢字そのものが嫌いとか、漢字を学ぶことが嫌いなのではなく、本来は存在しない正答基準によってバツにされ、その間違いを防ぐためとして繰り返しさせられる練習のしかたが嫌いなのです。それによって、漢字そのものが嫌いになるという最悪のスパイラルに陥っていることが多いのではないでしょうか。

　一方で、とめ・はね・はらいは、漢字の正誤に影響しませんが、漢字練習をするうえで常用漢字表に記載されている一般的な字形を知る機会をもつことは望ましいことです。

＊2016年に文化庁から発表された「常用漢字表の字体・字形に関する指針（報告）」で「手書き文字と印刷文字の表し方には、習慣の違いがあり、一方だけが正しいのではない」「字の細部に違いがあっても、その漢字の骨組みが同じであれば、誤っているとはみなされない」との見解（文化審議会国語分科会によるもの）が示されています。

指導の前に子どもの実態を把握すること

- -

　子どもが漢字を書くとき、そもそもどこに注意をしたらよいのか気がついていないケースが多いようです。ならば、漢字練習の際に手本や用紙を工夫して、とめ・はね・はらいを子どもが自分で意識できるようにすることが必要です（［漢字ハザードシート］P.93 参照）。

子どもの

気づき・発見

創意工夫

知る喜び・楽しさ

を支えよう

　いずれにしても、指導者の示す基準に合致するか否かではなく、「ここに注意すると、もっとうまく書けるんだな」「ここにこんなのがあったんだな」と、子どもが前向きな気持ちで書こうとしたり自分で発見したりする意欲や姿勢を支えることが大事です。

　漢字指導を例にあげましたが、学びには、子どもが「楽しい・面白い！」と感じる土台を用意することが大人の役目ではないかと思います。

スギスケのポイント

　子どもたちが外界を理解していく過程は、具体物から抽象物へと展開していきます。発達段階から考えて、具体物や色をモチーフにして学習する必要があります。

　例えば、算数の場合、数の理解は物と物との中に見えない関係を見出すことであり、世界を理解することにつながります。さまざまな学びから子どもの生きる力は育まれていくのですから、大人の「教える」という行為が未来につながると思うと身の引き締まる思いがします。

授業の用意

● 4-1 ［学校の道具］カードを切り離して使います。

クラスに、必要な文具をそろえた【基本文具セット】を用意しておくのがおすすめです。

【基本文具セット】の例

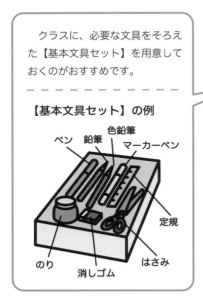

ペン　鉛筆　色鉛筆　マーカーペン
のり　消しゴム　はさみ　定規

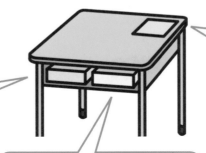

箱の底に収納する学校の道具のカードを貼ると、収納する物がわかります。

例）

【つくえの上】

授業の準備をサポートしたい場合は、例のように、机の上に用意しておく物を示したカードを貼ります。

慣れたら外して、自主的にできるようにしましょう。

4-1　学校の道具（がっこう　どうぐ）

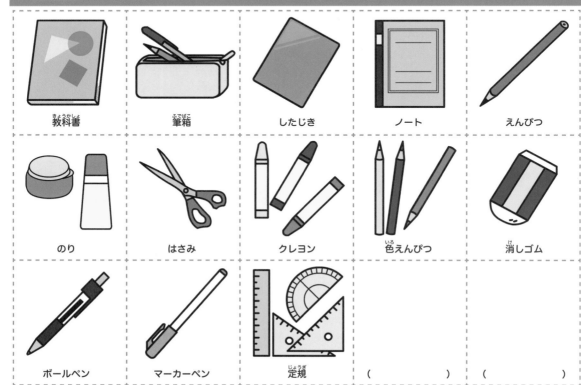

教科書（きょうかしょ）	筆箱（ふでばこ）	したじき	ノート	えんぴつ
のり	はさみ	クレヨン	色えんぴつ（いろえんぴつ）	消しゴム（けしゴム）
ボールペン	マーカーペン	定規（じょうぎ）	（　　　）	（　　　）

4-2a　しせいの基本

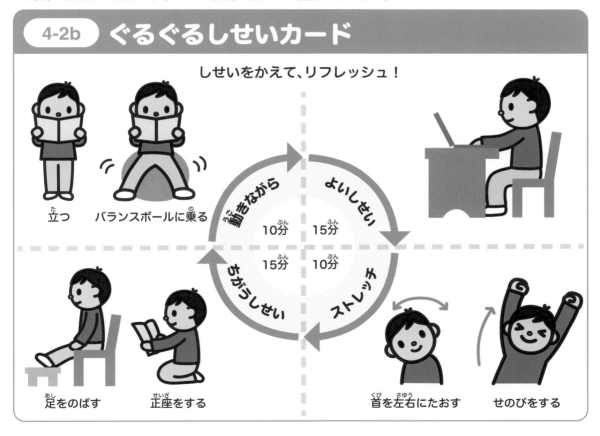

- いすに深くすわります。
- せすじをのばします。
- 足のうらをしっかりゆかにつけます。

【グー・ペタン・ピン】
- せなかとおなかにグーひとつ
- 足はペタン
- せなかはピン

●同じ姿勢を長時間続けるのはつらいものです。[ぐるぐるしせいカード]を使うと、適度に動いて姿勢が変わり気分転換にもつながります。

※時間の区切りや動きは、子どもの状況に合わせて調節しましょう。

4-2b　ぐるぐるしせいカード

しせいをかえて、リフレッシュ！

立つ　　バランスボールに乗る

歩きながら　よいしせい
10分　15分
15分　10分
ちがうしせい　ストレッチ

足をのばす　正座をする

首を左右にたおす　せのびをする

● 授業中などにおいて、子どもと一緒に目の動き（視線）をチェックしながら注視の方法を身につけさせます。

【指導方法】

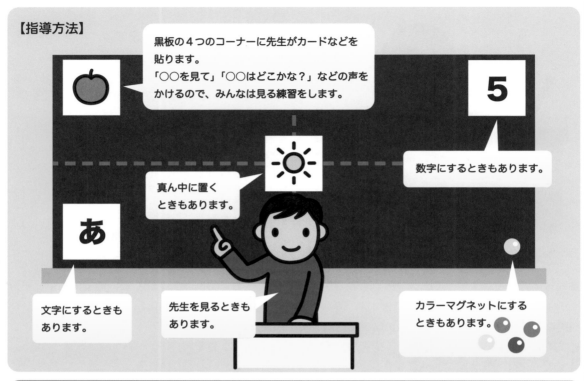

黒板の４つのコーナーに先生がカードなどを貼ります。
「○○を見て」「○○はどこかな？」などの声をかけるので、みんなは見る練習をします。

真ん中に置くときもあります。

数字にするときもあります。

文字にするときもあります。

先生を見るときもあります。

カラーマグネットにするときもあります。

4-3　見てるよチェックカード

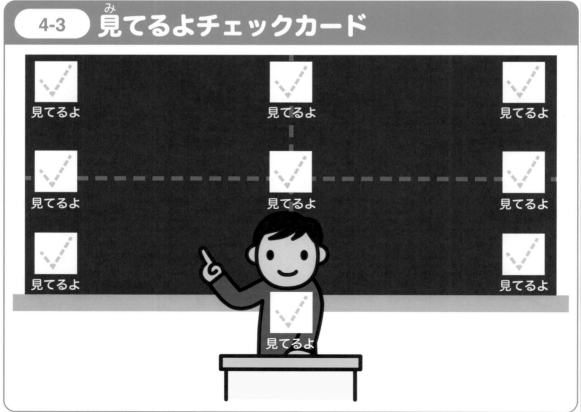

● 授業中などにおいて、話の聞きかたや話（発表）のしかたを指導するときに使います。

4-4 聞きかた・話しかた

話しかた

● 話をする相手の顔のあたりを見る

発表のしかた

まちがっても
しっぱいしても
だいじょうぶ！

元気よく！

● 大きな声ではっきりと話す
● つたえたい人のほうを見る

話の聞きかた

話をしている人のほうを見る

うなずきながら聞くと、
「ちゃんと聞いている」ことが
相手につたわる

相手の話を最後まで聞く

（感想・意見・質問は
相手の話が終わってから）

文字・言葉

● 似た形をしているひらがなの違いを理解するために、ゲーム感覚で指定した文字に丸をつけます。

● 以下を例に、ほかのひらがな（「い・り」「き・さ」「く・し」「つ・し」「る・ろ」「れ・わ」など、いろいろなひらがなを使って練習しましょう。

4-5a ひらがなさがし

「ぬ」に○（まる）をつけましょう。

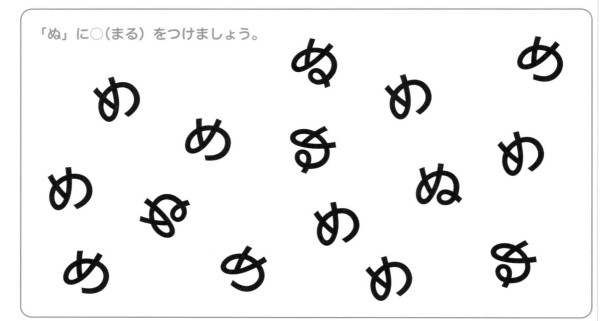

「ほ」に○（まる）をつけましょう。

● 似た形をしているカタカナの違いを理解するために、ゲーム感覚で指定した文字に丸をつけます。
● 以下を例に、ほかのカタカナ（「イ・オ」「ク・ケ」「シ・ツ」「ソ・ン」「テ・ラ」「ル・レ」「ロ・コ」「ヲ・ラ」など、いろいろなカタカナで練習しましょう。

4-5b　カタカナさがし

「ウ」に○（まる）をつけましょう。

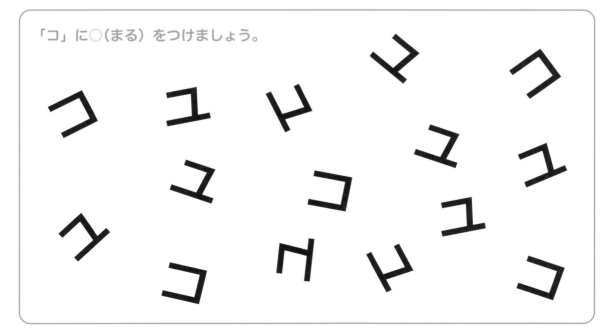

「コ」に○（まる）をつけましょう。

● 絵カードは点線で切り取って、文字カード（P.106、107）と一緒に［言葉の学習］（P.91、92）で使います。

4-6 言葉の学習

（絵カード）

からす	ゴリラ	ぞう	ねこ	パンダ	ラッコ
ガラス	めがね	ふせん	ねっこ	トランプ	ちず
ポスト	ポット	ふうせん	くぎ	クッキー	チーズ
さくら	ひまわり	きのこ	みかん	とけい	ひこうき
りんご	とり	ピーマン	バナナ	もち	くも

（色カード）　　　　　　　　　　　　　　　　　　　　　　　　　（□カード）

あか	あお	みどり	きいろ	しろ	

※ドロップレット・プロジェクト（P.138）のシンボルを利用すれば、上記のほかにもいろいろな絵カードを使用することができます。

言葉の学習…活動案①

＊使用するもの…文字カード、□カード、絵カード

① 大人は、答えとなる言葉を決めます。（例：ひこうき）

② ①で考えた言葉の中から、文字カードを1文字だけ **（□カード）** に置き換えて示します。

③ 子どもは□に入る言葉を、文字カードから探して置きます。

※難しい場合は、答えの **（絵カード）** を提示してから、出題します。

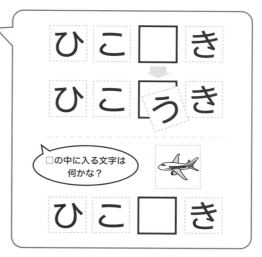

言葉の学習…活動案②

＊使用するもの…文字カード、絵カード

① 大人は、**（絵カード）** を1枚用意し、描かれている物の名前を表す文字カードをバラバラに置きます。（例：さくら）

② 子どもは、バラバラに置かれた文字カードを並べ替えて、**（絵カード）** の名前を示します。

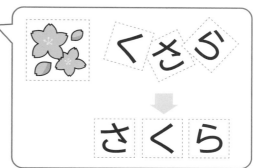

言葉の学習…活動案③

＊使用するもの…文字カード

① 文字カードをかるたのように机の上に広げて、子どもはその中から1枚、カードを選びます。（例：「す」）

② カードに書かれた文字から始まる言葉を考えて、カードを選び、並べて表示します。（例：すいか）

● **ゲームとして展開できます** ●
複数人で交代しながら①②を行い、誰かが言葉をつくることができなくなるまで続けます。

言葉の学習…活動案④

＊使用するもの…文字カード

① 文字カードを2セット用意して机の上に並べ、「みみ」「つづみ」「かかし」など同じ文字を2回使う言葉をつくります。

91

＊使用するもの…文字カード、絵カード

① **（絵カード）**を子どもに見せ、子どもは描かれている物の名前を文字カードを使って机の上に置きます。

② 濁音（ガラスの「ガ」など）、促音（ねっこの「っ」など）、長音（クッキーの「ー」など）を含んだ言葉を出題しながら、いろいろな言葉をつくります。

＊使用するもの…文字カード

① 文字カードを 並べて「しりとり遊び」をします。

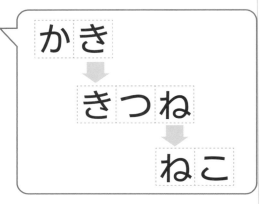

＊使用するもの…文字カード、絵カード、色カード、□カード

① 大人は、子どもから見て左側に**（色カード）**を、右側にその色をした物の**（絵カード）**を置きます。

② 子どもは、**（色カード）**の下に色の名前を、**（絵カード）**の下には絵が示している物の名前を、文字カードから選んで置きます。

③ 色と物の名前をつなげて文章にするために必要な文字カードを**（□カード）**の上に置きます。

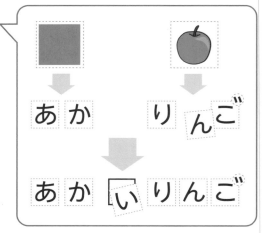

● 漢字の「とめ」「はね」「はらい」で注目してほしい部分をカードで示しながら練習します。

① （漢字練習用シート）を切り取り、ラミネート加工します。

② 水性のペンを使って、漢字の手本を示します。

③「とめ」「はね」「はらい」に気をつける部分に、（「とめ・はね・はらい」ゾーンカード）を置きます。

④ 子どもは「とめ」「はね」「はらい」に注意しながら漢字を書く練習をします。

※ 紙に出力して、子どもが直接書いてもよいでしょう。

4-7　漢字ハザードシート

（漢字練習用シート）

（「とめ・はね・はらい」ゾーンカード）

【展開案】

　漢字の一部（部首）だけ書いたものを子どもに提示して、子どもは残りの部分を書き加えて漢字を完成させるのも、ゲーム感覚で楽しいです。

数 ・ 計算

■ 使い方

基本

① 数の学習カード［りんご］の「3」と「4」をそれぞれ複数枚（5～6枚程度）用意します。

② ①をすべて混ぜて、子どもの前に置きます。

③ 子どもは3と4を分けて置きます。

④ ③ができたら「3」と「5」、「2」と「4」などほかの組み合わせで試してみましょう。

発展

① 同じ「3」でも、［りんご］［あめ］［■］などのカードを混ぜて提示して、子どもは同じ数のカードに分けて置きます。

② ［あめ］カードや［■］カードのように、同じ数でもカード内の配置が異なるカードを使って、基本の学習を行ってみましょう。

※数の学習カードは、活動内容に応じて枚数を調整してください。

4-8 数（かず）の学習（がくしゅう）

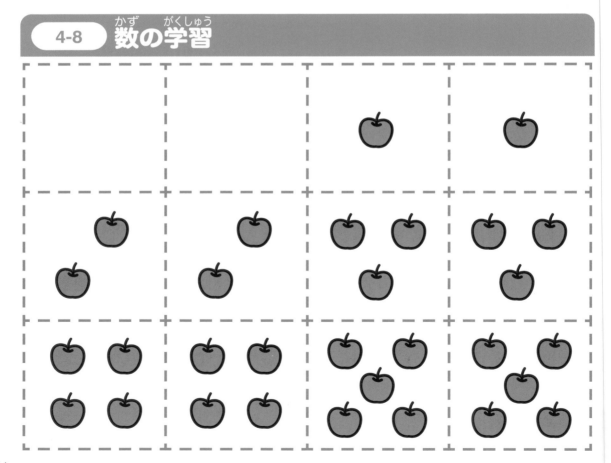

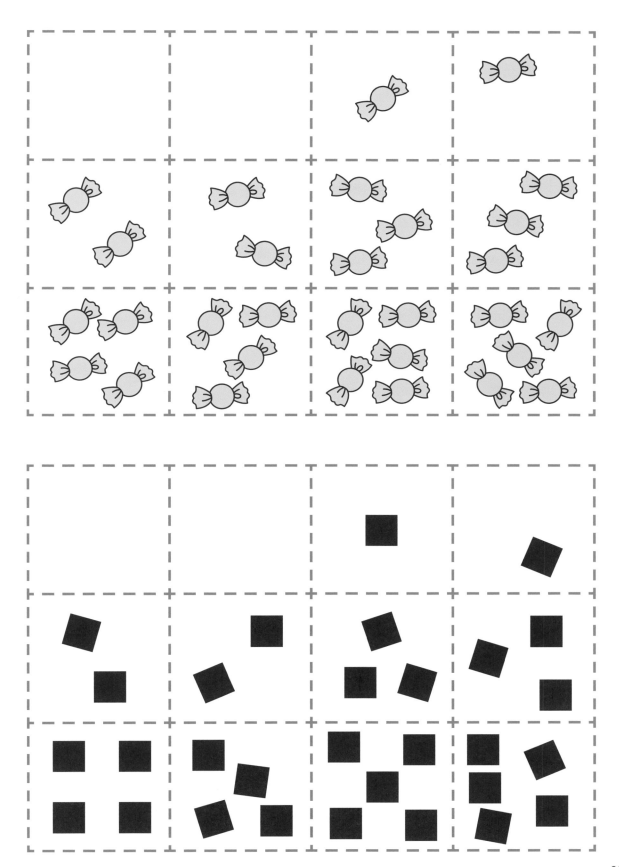

■ 言葉と数すごろく

① [サイコロとこま] は、切り取り線で切り取って組み立てます。

② 右ページの [すごろくシート] を使ってすごろくをします。

③ こまが止まったマス目の色と同じ色のサイコロをふります。サイコロで何も書かれていないのは「0」です。サイコロの目の絵の部分は、描かれた物の名前の音の数だけ進みます。手をたたきながら名前を言うと、楽しく音の数をカウントできます。（例：「くり」→2、「かぶとむし」→5）

4-9a サイコロとこま

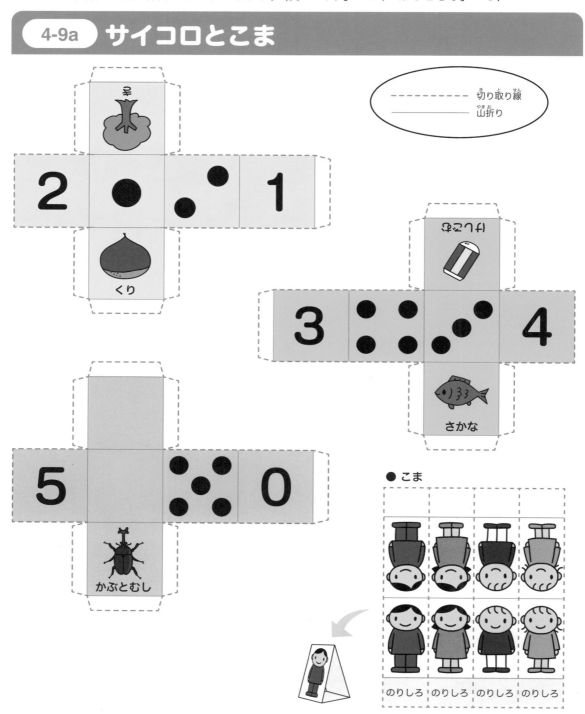

- - - - - - 切り取り線
————— 山折り

●こま

96

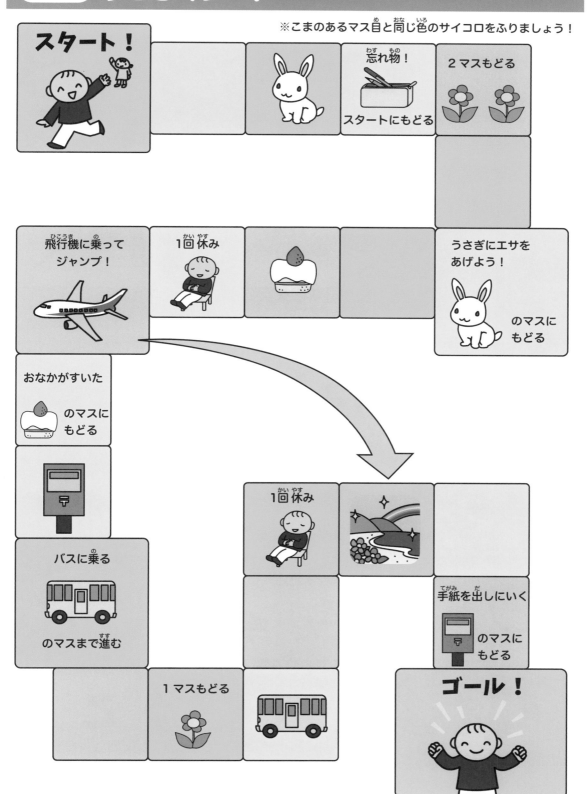

※こまのあるマス目と同じ色のサイコロをふりましょう！

■ 計算の意味

問題の内容を分けて、たし算・ひき算の意味を理解します。

① 点線をはさみで切って使います。小カード2枚を並べると大カード1枚と同じ大きさになります。

② カードを並べながら「あめが2個ありました。チョコレートが3個ありました。おかしが全部で5個ありました」といった文を提示します。

③ 子どもは（ ）の中に、提示された数を書き入れます。

④ たし算では、小カードを2枚並べながら「あめが2個ありました。チョコレートが3個ありました。おかしは全部でいくつあるでしょう。」と問いかけ、考えさせます。

⑤ ひき算では、大カードと小カード1枚を使って「おかしが全部で5個ありました。そのうちチョコレートは3個でした。あめはいくつあるでしょう。」と問いかけ、考えさせます。

⑥ 慣れてきたら、自分で絵を描いてカードを作ってみましょう。

あてはまるカードを
えらんで
ならべてみよう

4-10 　もんだい　問題バラバラシート

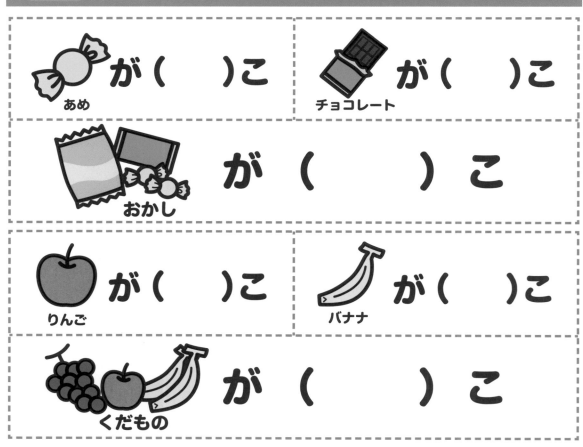

表現活動

■ 調べ学習・絵日記

絵や写真とともに記録や感想を書くためのシートです。
調べ学習や絵日記などに利用できます。

タイトル

絵や写真

調べたこと、わかったこと、感想など

4-11 絵（写真）を記録する

■ 描画

　子どもが空間の奥行を理解し始めたときに、遠近法的な表現で
絵を描く練習に使用します。

① 点線に沿って**（はいけいカード）**、**（絵カード）**をそれぞれ切
　り離します。

② **（はいけいカード）**の上に、**（絵カード）**を並べて自由に景色
　を作ります。

※手前には大きな絵を、奥にいけばいくほど小さい絵を置けば
　奥行きのある絵が表現できることを理解します。

家の近くにある木は
どのカードにする？

4-12 絵のかきかたのコツ

（絵カード）

（はいけいカード）

■ 壁新聞作り

① 新聞が、いくつかのパーツに分かれていることを示します。

② パーツごとに担当者を決めて、1枚の新聞にまとめていく作業をします。

※写真や絵、4コマ漫画や文章など、子どもの得意なものをそれぞれ担当すると、楽しく発信できます。

4-13　かべ新聞を作る

かべ新聞作りのポイント

★自分なりのペースで作業しましょう。

★自分の得意・興味を生かしましょう。

★友だちの記事を読んで、イイところ
　（工夫や努力、おもしろさ）をつたえましょう。

★ほめられたら、思いっきりよろこんで！

★自分たちや学校のよさをつたえる「新聞記者」だと、自信をもとう！

今回は
このパーツ担当！

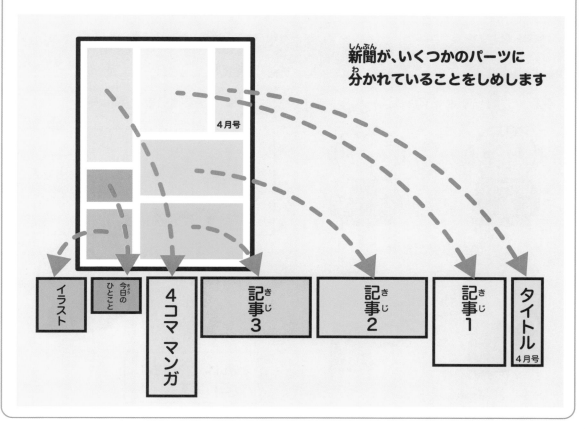

新聞が、いくつかのパーツに
分かれていることをしめします

4月号

イラスト　今日のひとこと　4コマ マンガ　記事3　記事2　記事1　タイトル 4月号

■ 演奏

4-14a リコーダー

ふくときのしせい

右手の親指で
ささえます。

せすじを
のばします。

【すわったとき】

あさく
すわります。

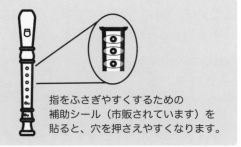

指をふさぎやすくするための
補助シール（市販されています）を
貼ると、穴を押さえやすくなります。

シ　　　　ド

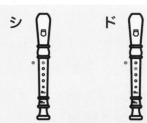

リコーダーの裏側にある1つ穴は、セロテープなどであらかじめふさいでおくと、指1本で「シ（人差し指）」と高い「ド（中指）」が出せます。この2音を交互に吹いて、音の変化を感じてみましょう。

4-14b ハンドベル

鳴らすときのしせい

前から見たとき

横から見たとき

鳴らすとき

ベルを前に出すと
音が鳴ります。

ベルは元のいちに
もどします。

102

当番・係活動

■ 給食当番

　子どもが自分の担当を把握して作業がしやすくなるように、**(例)** のような一覧表を作成し、作業内容を具体的に黒板などに掲示します。給食で使用する物の表示には、[給食用具] カードを使ってください。

(例)

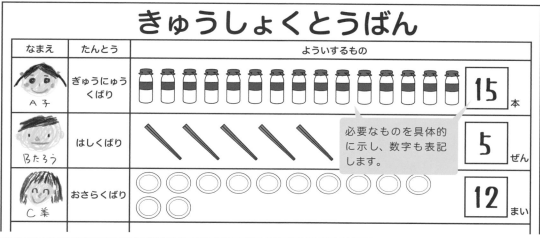

きゅうしょくとうばん

なまえ	たんとう	よういするもの	
A子	ぎゅうにゅうくばり		15 本
B たろう	はしくばり		5 ぜん
C 美	おさらくばり		12 まい

必要なものを具体的に示し、数字も表記します。

4-15　給食用具

はし	スプーン	フォーク	コップ	皿
大しょっかん	中しょっかん	小しょっかん	牛乳	給食トレー
ごはん	パン	牛乳ケース	食器カゴ	お茶

■ そうじ当番

　子どもが理解しやすいように［そうじ当番］カードを使って一覧表を作成し、作業内容を具体的に明示します。この形式は、いろいろな係活動の担当表示で活用できます。

（例）

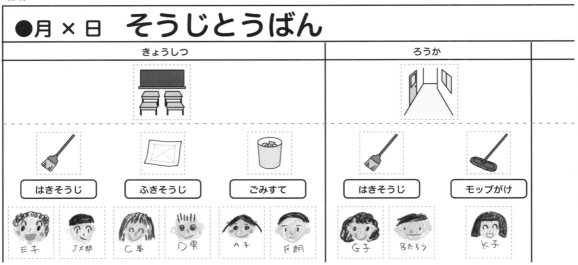

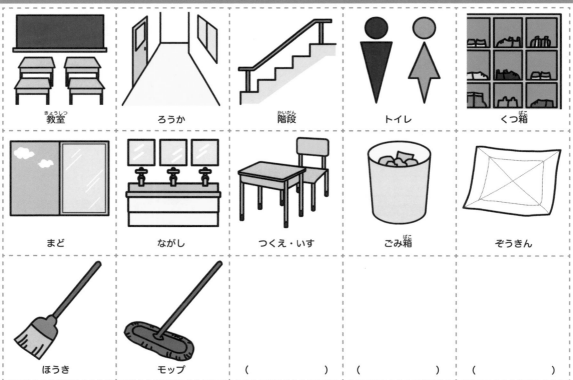

けんこう管理シート

日にち	日 げつようび	日 かようび	日 すいようび	日 もくようび	日 きんようび	日 どようび	日 にちようび
体重 （kg）							
体温 （℃）							
早起き	○・×	○・×	○・×	○・×	○・×	○・×	○・×
朝ごはん	○・×	○・×	○・×	○・×	○・×	○・×	○・×
すいみん	○・×	○・×	○・×	○・×	○・×	○・×	○・×
体調	○・×	○・×	○・×	○・×	○・×	○・×	○・×
食欲	○・×	○・×	○・×	○・×	○・×	○・×	○・×
はいべん （うんち）	○・×	○・×	○・×	○・×	○・×	○・×	○・×
運動	○・×	○・×	○・×	○・×	○・×	○・×	○・×
メ　モ							

ま	は	な	た	さ	か	あ
み	ひ	に	ち	し	き	い
む	ふ	ぬ	つ	す	く	う
め	へ	ね	て	せ	け	え
も	ほ	の	と	そ	こ	お
゛゜			ー	わ	ら	や
ゃ					り	
ゅ					る	ゆ
ょ				を	れ	
っ				ん	ろ	よ

マ	ハ	ナ	タ	サ	カ	ア
ミ	ヒ	ニ	チ	シ	キ	イ
ム	フ	ヌ	ツ	ス	ク	ウ
メ	ヘ	ネ	テ	セ	ケ	エ
モ	ホ	ノ	ト	ソ	コ	オ
゛゜	ャ		ー	ワ	ラ	ヤ
	ュ				リ	
	ョ			ヲ	ル	ユ
	ッ				レ	
					ロ	ヨ
					ン	

●【学校の施設と授業】を表すカードです。切り取って掲示したり、めくり式にしたり、拡大したりなど、用途に応じてお使いください。

教室	校庭	体育館	図書室
プール	音楽室	ランチルーム	プレイルーム
保健室	職員室	国語	算数
理科	社会	英語	音楽
体育	図工（美術）	家庭科	作業学習

じゃんけん	合唱（がっしょう）	合奏（がっそう）	バランスボール
習字（しゅうじ）	トランポリン	おにごっこ	なわとび
マラソン	プール	野球（やきゅう）	サッカー
かけっこ	リレー	つなひき	玉入れ（たまいれ）
大玉ころがし（おおだま）	組体操（くみたいそう）	（　　　　　）	（　　　　　）

簡単エクササイズ

●室内でもできる簡単な体つくり運動です。

体を動かそう！

体幹をきたえよう！

このしせいで
ゆっくり10まで
数えることが
できるかな？

できるだけまっすぐに！

① うつぶせになり、ひじを床につけます。
② ひじとつま先で体を支えます。
③ 頭からかかとまで、体が一直線になるように
　意識します。

ゆっくり5まで数えて上げ、
ゆっくり5まで数えて下げる。

連続10回できるかな？

① 顔の横に手を置いて、うつぶせになります。
② 息を吐きながら上半身と両足（下半身）を上げ、
　高く上がったところで動きを止めます。
③ 息を吸いながらうつぶせに戻ります。

バランス力をきたえよう！

片足で体を
グラグラさせずに
立てるかな？

※注

ひざの横には
足をおかない。

① 両手を横にまっすぐ伸ばします。
② 片足立ちをしてゆっくり10まで数えます。
③ 足をゆっくり下におろします。
④ ①～③ができたら、次は、目を閉じて行います。
　（できたら左右の足を替えて同じ動作を行います。）

① 両腕を頭上にまっすぐ伸ばし、両手を合わせます。
② 片足の裏を、もう片方の足のふくらはぎか太ももの
　横につけます。
③ 動きを止めてゆっくり10数えます。
④ 足を替えて、同じ動作を行います。

友だちと楽しく！

① 二人一組になって背中合わせで座り
　お互いの腕を組みます。

② 合図のかけ声に合わせて、背中と背中を
　支え合いながら立ち上がります。

1 のだん

いん れい れい
1×0 = が0

いん いち いち
1×1 = が1

いん に に
1×2 = が2

いん さん さん
1×3 = が3

いん し し
1×4 = が4

いん ご ご
1×5 = が5

いん ろく ろく
1×6 = が6

いん しち しち
1×7 = が7

いん はち はち
1×8 = が8

いん く く
1×9 = が9

2 のだん

に れい れい
2×0 = が0

に いち に
2×1 = が2

に にん し
2×2 = が4

に さん ろく
2×3 = が6

に し はち
2×4 = が8

に ご じゅう
2×5 = 10

に ろく じゅうに
2×6 = 12

に しち じゅうし
2×7 = 14

に はち じゅうろく
2×8 = 16

に く じゅうはち
2×9 = 18

3 のだん

さん れい れい
3×0 = が0

さん いち さん
3×1 = が3

さん に ろく
3×2 = が6

さ さん く
3×3 = が9

さん し じゅうに
3×4 = 12

さん ご じゅうご
3×5 = 15

さぶ ろく じゅうはち
3×6 = 18

さん しち にじゅういち
3×7 = 21

さん ぱ にじゅうし
3×8 = 24

さん く にじゅうしち
3×9 = 27

4 のだん

し れい れい
4×0 = が0

し いち し
4×1 = が4

し に はち
4×2 = が8

し さん じゅうに
4×3 = 12

し し じゅうろく
4×4 = 16

し ご にじゅう
4×5 = 20

し ろく にじゅうし
4×6 = 24

し しち にじゅうはち
4×7 = 28

し は さんじゅうに
4×8 = 32

し く さんじゅうろく
4×9 = 36

5 のだん

ご れい れい
5×0 = が0

ご いち ご
5×1 = が5

ご に じゅう
5×2 = 10

ご さん じゅうご
5×3 = 15

ご し にじゅう
5×4 = 20

ご ご にじゅうご
5×5 = 25

ご ろく さんじゅう
5×6 = 30

ご しち さんじゅうご
5×7 = 35

ご は しじゅう
5×8 = 40

ごっ く しじゅうご
5×9 = 45

6 のだん

ろく れい れい
6×0 = が0

ろく いち ろく
6×1 = が6

ろく に じゅうに
6×2 = 12

ろく さん じゅうはち
6×3 = 18

ろく し にじゅうし
6×4 = 24

ろく ご さんじゅう
6×5 = 30

ろく ろく さんじゅうろく
6×6 = 36

ろく しち しじゅうに
6×7 = 42

ろく は しじゅうはち
6×8 = 48

ろっ く ごじゅうし
6×9 = 54

7 のだん

しち れい れい
7×0 = が0

しち いち しち
7×1 = が7

しち に じゅうし
7×2 = 14

しち さん にじゅういち
7×3 = 21

しち し にじゅうはち
7×4 = 28

しち ご さんじゅうご
7×5 = 35

しち ろく しじゅうに
7×6 = 42

しち しち しじゅうく
7×7 = 49

しち は ごじゅうろく
7×8 = 56

しち く ろくじゅうさん
7×9 = 63

8 のだん

はち れい れい
8×0 = が0

はち いち はち
8×1 = が8

はち に じゅうろく
8×2 = 16

はち さん にじゅうし
8×3 = 24

はち し さんじゅうに
8×4 = 32

はち ご しじゅう
8×5 = 40

はち ろく しじゅうはち
8×6 = 48

はち しち ごじゅうろく
8×7 = 56

はっ ぱ ろくじゅうし
8×8 = 64

はっ く しちじゅうに
8×9 = 72

9 のだん

く れい れい
9×0 = が0

く いち く
9×1 = が9

く に じゅうはち
9×2 = 18

く さん にじゅうしち
9×3 = 27

く し さんじゅうろく
9×4 = 36

く ご しじゅうご
9×5 = 45

く ろく ごじゅうし
9×6 = 54

く しち ろくじゅうさん
9×7 = 63

く は しちじゅうに
9×8 = 72

く く はちじゅういち
9×9 = 81

九九表
<small>くくひょう</small>

×	1	2	3	4	5	6	7	8	9
1	1	2	3	4	5	6	7	8	9
2	2	4	6	8	10	12	14	16	18
3	3	6	9	12	15	18	21	24	27
4	4	8	12	16	20	24	28	32	36
5	5	10	15	20	25	30	35	40	45
6	6	12	18	24	30	36	42	48	54
7	7	14	21	28	35	42	49	56	63
8	8	16	24	32	40	48	56	64	72
9	9	18	27	36	45	54	63	72	81

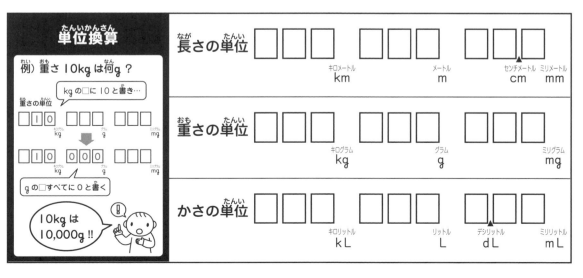

単位換算 <small>たんいかんさん</small>

例）重さ 10kg は何 g ？

kg の□に 10 と書き…

重さの単位

| | 1 | 0 | | | | | | |
| kg | | | | | g | | | mg |

g の□すべてに 0 と書く

10kg は 10,000g !!

長さの単位

		km			m		cm	mm

キロメートル・メートル・センチメートル・ミリメートル

重さの単位

		kg			g			mg

キログラム・グラム・ミリグラム

かさの単位

		kL			L		dL	mL

キロリットル・リットル・デシリットル・ミリリットル

じかんわり

	げつ	か	すい	もく	きん	ど
1						
2						
3						
4						
5						
6						

ねん　　くみ　なまえ

時間割

	月	火	水	木	金	土
1						
2						
3						
4						
5						
6						

年　　組　名前

ざせきひょう

きょうたく

ねん　　くみ　たんにん　　　せんせい

座席表

教卓

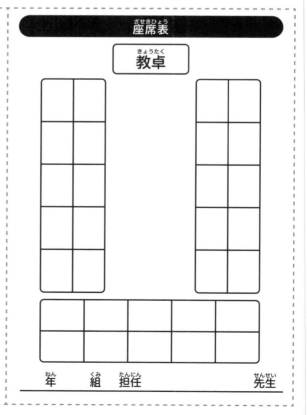

年　　組　担任　　　　　先生

じこしょうかい

はじめまして。 　　　　　　　　です。

自己紹介

年　　　組　　　名前

● すきなこと

● すきな食べ物

● すきな遊び

● とくぎ

● その他

□ がっきの めあて

せいかつ	がくしゅう

ねん　　くみ　なまえ

□ 学期の めあて

年　　　組　　　名前

おんどくカード

ひづけ	だいめい	「、」や「。」にきをつけてよむ	きもちをこめているか	かいすう	いえのサイン	せんせいのサイン
/						
/						
/						
/						
/						
/						
/						
/						

メモ

ねん　　くみ　なまえ

どくしょカード

ひづけ	だいめい	さくしゃ	オススメど
/			☆☆☆☆☆
/			☆☆☆☆☆
/			☆☆☆☆☆
/			☆☆☆☆☆
/			☆☆☆☆☆
/			☆☆☆☆☆
/			☆☆☆☆☆
/			☆☆☆☆☆

メモ

ねん　　くみ　なまえ

なわとびカード

	前とび	後ろとび	交差とび	交差とび（後ろ）	あやとび	あやとび（後ろ）	二重とび	二重とび（後ろ）	はやぶさ
1									
2									
3									
4									
5									
6									
7									
8									
9									
10									

年　　組　名前

プールカード

日付	体温	朝食	出欠	サイン	メモ
/					
/					
/					
/					
/					
/					
/					
/					

年　　組　名前

賞

年　組　　　　　　さん

あなたは、　　　　　　　　　を
大変よくがんばりましたので、
栄誉をたたえ、賞状をおくります。

年　月　日

表彰状

年　組　　　　　　さん

あなたは、　　　　　　　　　を
とてもよくがんばりました。
よって、ここに表彰します。

年　月　日

かんしゃじょう

ねん　くみ　　　　　さん

　　　　　　　　　　　を
してくれて、ありがとうございます。
これからも、がんばってくださいね。

より

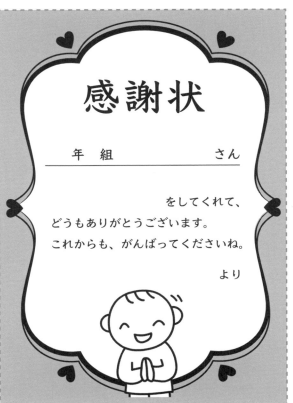

感謝状

年　組　　　　　　さん

　　　　　　　　　をしてくれて、
どうもありがとうございます。
これからも、がんばってくださいね。

より

アオスケ　スギスケ　かな子先生

おしゃべりコラム

子どもの学びと成長を支えるために
～学習活動と視覚支援について考える～

支援はいったい誰のため？！

 最近ではずいぶんと、目で見て理解しやすい視覚支援が定着してきましたね。一度聞いただけでは理解しにくかったり、思い出しにくかったりする子どもたちも、学校や日常生活で過ごしやすくなっているのかな？とうれしく思います。

一方で、心配なこともたくさんあります。特に、視覚支援に限ったことではなくすべての支援において言えるのかもしれませんが、"誰のためにするものなのか"について深く考えずに、掲示物を示すだけなどになっていないか、ということです。例えば「廊下を走らない」ということ。学校の廊下に貼られている定番の掲示物ですが…。

僕が通っていた小学校にも貼ってありましたよ。遠くから先生の「走らない！」という大声が今も聞こえてきそうですよ。

「ドロップレット・プロジェクト」のシンボル（P.138）などを使って掲示物が作られていることもありますね。でも、それが何か？

 「廊下を走らない」とは、そもそも誰のためなのでしょうか？

え？ それは、廊下を走ると誰かにぶつかる恐れがあって、ぶつかるとケガをして危ないからでしょう？

あぁ、なるほど！ つまり、「（廊下を走ると）誰かにぶつかってケガをするようなことになったら大変だし、危ない」という意味が子どもたちに伝わっているかどうかが大事である、ということですね？

そうなんです。子どもへの指示、特に「～してはいけない」という禁止語の指示の場合、やっちゃいけないことばかりが前面に出すぎて、その意味や理由が子どもに伝わっていないことが多いのではないかと思うのです。それでは、残念ながら先生たちから一方的に指示が出されているだけで、子どもたちはその効果を実感できないのではないでしょうか？

確かにそうですね。そう言われたら、走らないことのメリットなんて感じてないような…。

これ、とても重要だと思いませんか？ 視覚支援が積極的に行われるようになって、ハンディキャップのある子どもたちを含めてみんなの理解が促されることはとてもよいのですが、大人の命令に従わせる目的のために行われているとしたら、それは問題です。

  なーるほど！ 確かに、そうですね。

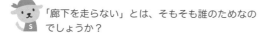

視覚支援がいつのまにか威嚇支援に？！

 視覚支援は子どもたちにとって、見る→理解する→遂行することでうまくいったり、うれしいことが起こったりするのを目的にしていることが大前提です。

 支援する側が都合のいいようにコントロールするために使うなんて、よくない！

 ある学校で見た掲示物に、「立ちません」「おしゃべりしません」「たたきません」と書いてあって、最後のところに「先生の困ることはしません」って（笑）。

子どものためのものではないですよねー。

 「○○しない」というのは、実はとても難しい。ここで実験してみましょう。
まずドーナツの絵を描きます。
それに大きく×をします。
では、いいですか。
カードをよく見てください。
ドーナツのことを考えてはいけません！
はい、言うとおりにしなさい！

  あー‼ できない（笑）。どうしてもドーナツが浮かんでしまう‼

 でしょう？ これは極端な例ですが、いくら頑張ってもできないものはできないわけです。頑張れないし、何を頑張っていいかもわからない。そう考えると、実は我々はできないことを子どもに強制しているのかもしれません。

 「あれはダメ！」「これはダメ！」「ああしなさい」「こうしなさい」ということを絵カードを持って迫ってくる人を好きにはなれないし、信頼することだってきっと難しいでしょう。視覚支援はもちろん、何事も肯定的な視点がないと最初から基本を外してしまうと思います。

 視覚支援は基本的には「○○しましょう」というポジティブなものでありたいですね。

 そもそも支援とは、「**もうちょっとでできそうなことを最後にあと押ししてあげるもの**」だと思うんです。できないことではなくて、まずは**できることをさらにできるようにするため**にある。それをベースに、できないことに対しても少しずつチャレンジするようになっていくのです。

"スケジュールは変わることがある"を教える

 視覚支援に対する否定的な意見の中に、もともと変化に弱い子どもたちに、きちっとしたスケジュールを提示することで、さらに変化への対応をしにくくしているんじゃないか、というものがあります。

 確かに、スケジュールを使って行動が安定するのはとても大事ですので、そういう支援がやはり多いような？

 予定の変更や予測不能なことに対して不安になる子も多いですから、予定どおりに動けるとしたらそれに越したことはない。でも、あまりにもきっちりしすぎると…。

 先ほどの話になりますね。では、どうしたらいいか？

 なかなか難しいです。きちっとしているほうが、子どもにとって楽な場合が多いのは事実ですから。

 僕は自然の変化に合わせていました。天気や行事など、自分の力ではどうにもコントロールできないものがあります。そういうものを扱ってみるのです。

 行事であれば、例えば、歯科検診はイレギュラーなことになりますね。

 そうか、たまにあるイレギュラーなものがいいアクセントになるわけですね！ それなら、雨が降った日はチャンスですね。いつもなら自転車に乗るけれど、それができない。

 急な予定変更で、子どもによってはパニックになる場合がありますよね。

ですから、雨が降ってできなくなったことがあれば、代わりの活動やイベントをカードなどの選択肢の中から自由に選ぶ、というような機会にしてみるのです。

 変化のときがチャンスになる。つまり、ピンチがチャンス！

 カードなどを使って、より明確に自分の意思を表明する機会を増やせるわけです。いつだったか雪が積もった日がありました。ちょうど個別学習の時間だったのですが、僕は日課表に貼ってあった個別学習のカードを取り、そこに雪だるまのマークを書いたんです。

  雪合戦だ！

 子どもにしてみたら勉強だと思っていた時間が楽しいイベントに変わったのです。変更に抵抗を示す子でも楽しい活動、受け入れられる活動なら変更も大喜びな場合があります。そのような経験で、変化が悪いことだけじゃないと感じられます。

 思っていたのとは違うことが起こるということを子どもたちが学ぶためには、こういったチャンスを使うのがいいですね！

 まずは、きちっとした支援をする段階があって、子どものスケジュールへの信頼感が増していく中でイレギュラーなことを入れる、というエッセンス的な経験を添えていくのです。それには、日常的にいろいろと好きな活動を探しておくことが前提になります。

「できてうれしい！」気持ちを育むこと

 いろいろ考え直すと、そもそもハンディキャップのある子どもたちの学習や活動って、なんのためにあるのか？ということに行きつきます。

 それは、「できた！」「うまくいった！」というプラスの気持ちを得られるためということでしょうか。

 具体例をあげてみましょう。よく子どもたちの学習にタイマーが使われていますよね。例えば、個別学習や掃除の時間などに。

 ああ、よくあります。この時間は頑張ってやりましょう！みたいな。

 はい。でも、あまりいい使い方じゃないと思うことが多いんです。タイマーが出てくるときは、だいたい子どもたちが好きじゃない、得意じゃない活動をやることが多いのは仕方がないかもしれませんが、「これぐらいは頑張って」という感じの使い方が多くないですか？

 確かにそうですねぇ。

 本当は子どもに相談しながら「何分ぐらいの時間があればできる？」と、聞くべきなんです。子ども自身が自分の技量を把握したうえで「できる」と思えることをサポートするのが大事です。先生が一方的に「この時間内でやりなさい」と言ったら、それは単に命令に従っただけですから。

 達成感や充実感が得られなければ、それはただの警報機。タイマーが支援機器として使われていませんよね。

 まずは子どもが自分で決めた時間があって、その時間内で頑張れたら、本当の意味で達成感になると思うんですよ。

 でも、そういう使い方が実はあまりされていませんね。

 ですから、支援というものは常に見直すことが必要だと思います。
支援の世界で昔から言われている言葉があります。それは「Not Achievement,but Emotion」です。意味は「できたことは大事だけれど、できてうれしい気持ちも育てる」ということ。いくらできるようになっても、それが楽しさや喜びでなかったら意味がないですよね。

  単なる訓練だけではよくない。
教育として大事にしたい視点ですね。

絵で見てわかる

生活 **学習** キホンカード

・・

カード指導のポイント

・・

じぶんのカラダを大切に扱おう
～身だしなみ・身体のケア～

1-1a 1-1b 身だしなみチェック

いわゆる身だしなみの指導では、「服をちゃんとしましょう」「だらしなくないようにして」などと声かけをすることがあるでしょう。しかし、これらには、何をどうすればよいのかという具体的な情報がないので、子どもたちに伝わっていないことがあると思われます。

そこで、やるべきことを明確にしたのが［身だしなみチェック］カードです。ここでは、つめの長さ、シャツの裾をズボンに入れること、髪の毛の寝ぐせなど、具体的に手本を示し、自分で鏡を見て確認、調整することを目的としています。

子どもの実態や季節などに合わせて、アレンジしてみてください。

1-2 歯科しんりょう

歯医者さんが苦手、という人はたくさんいると思いますが、その原因は音、におい、歯に当たる器具の感触、と人によりさまざまです。また、そのような身体的な感覚上の不快感より、状況がわからないままに痛いことをされるかもしれないという不安はかなりのストレスになります。

このカードを使い、歯科診療に行く前に見通しをもっておくこと、当日は歯科医にも説明をしてもらいながら治療することで不安を軽減することを狙っています。

1-3 1-4 しあげみがきチェック / 歯みがきチェック

歯磨きは、その日にいくら完璧に磨けたとしても、磨かない日があっては意味がありません。しあげ磨きを含めて「毎日たのしく歯磨きする」ことを習慣にして、その流れの中で、正しい磨きかたを身につけたり、磨き忘れてしまいがちな箇所に気づけるようになっていくことが支援のポイントです。毎日の積み重ねが大切なので、歯磨きタイムをいかに楽しくできるかがカギとなります（30 ページのコラム参照）。

1-5　1-6　1-7　手をあらおう！ / うがい / 洗顔

1-3［しあげみがきチェック］、**1-4**［歯みがきチェック］と同様の指導・支援ポイントになります。

1-8　1-9　せきエチケット / マスクをつける・はずす

鼻までマスクをせずに咳やくしゃみをしてしまったり、使用済みのマスクを適切に処理しなかったりして周囲の人に不快感を与えてしまうことがあります。自分の身を守るためにも、周囲の人の身を守るためにも、［せきエチケット］カード、［マスクをつける・はずす］カードで繰り返し確認しましょう。

指導をする場合には、感覚過敏があってマスクがつけれられない、不織布やウレタンが肌に合わないという人もいますので、我慢を強いるのではなく、「どういった代替案が考えられるか」「どうしたら不快な刺激を軽減できるか」など、本人の気持ちを第一に一緒に対策を練ってほしいと思います。

1-10　男子トイレで立つのはどこ？

和式・洋式ともに、トイレを汚さないための使いかたについては就学前に指導されることが多いと思いますが、ここで伝えたいのは、トイレという公共の場での距離感です。

あくまでも個人の感覚にゆだねられるテーマではありますが、ここでは適度な距離感を、あえて教えることを狙っています。

ただし、ここで学んだことを「そうしなくては」というこだわりにしてしまうと、異なる状況になった場合にかえって困ることになりますので、ゲーム感覚で楽しく知らせる活動にしています。

1-11　つめ切り練習カード

身だしなみとしてつめを切っておくことが求められることは多いですが、チェックするといつも切っていない子が時々います。そのような子は、実はつめ切りが怖いと感じている場合があります。

対策として、自分のつめではなくカードを使って、操作に慣れたり、パチンと切る感触が楽しいと感じたりできるようにして、少しずつ興味をもってもらう活動を提案しています。

カードをラミネート加工することで、つめを切る音や感触が「それっぽく」なりますよ。

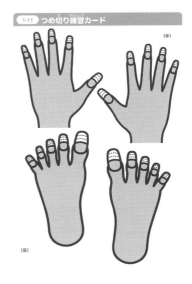

生活編

1-12a 1-12b おふろに入る / ぬいだ服とパジャマの管理

［おふろに入る］カードは、1-4［歯みがきチェック］と同様に、入浴の手順をおおまかに理解し、カードを参考に自分でできるようにします。

ここでは、表にしたときに一連の流れを全体的に見通せるくらいの分量にしています。もっと細かく示したほうがわかりやすい子や、順番にこだわりがあるという子もいるので、子どもの実態に合わせてアレンジしたり並べ替えたりするとよいでしょう。

［ぬいだ服とパジャマの管理］カードは、着ていた衣服と脱いだ衣服をある程度の範囲にまとめ、一緒にしないというルールを示しています。宿泊学習のしおりなどにも活用してみてください。

1-13 服装の目安

明日の準備をするときに、服も用意しておきたいものです。寒暖に合わせて服を選択できるとよいのですが、天気予報で「明日は今日より気温が５度くらい高くなる見込み」「朝晩は肌寒く感じられる」などと聞いてもイメージしにくいという子も多くいます。服を選択する枠組みを数字（気温）で示しておくと、スムーズにいくことがあります。

1-14 1-15 体調をつたえる / うんちチェック

体調がとても悪い場合は、自分はもちろん、周りの人にも気づいてもらえやすいのですが、難しいのは、なんとなく体調がすぐれないのに無理をして悪化させてしまうというケースです。この「なんとなく」の状態を、1-14［体調をつたえる］で子ども自身が表現したり大人が具体的に聞き取ったりできる機会をつくることが大切です。

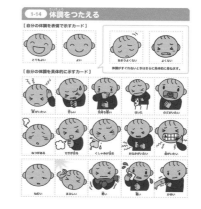

1-15［うんちチェック］と組み合わせて使用するのもよいでしょう。自分の体調に関心をもち、毎日チェックするという意識づけになります。

1-16 鼻のかみかた

1-17［体温をはかる］と同様の指導・支援ポイントになります。

1-17 体温をはかる

体温計をどうやって脇に挟むのが正解か？と聞かれたら、正直なところ自信がないという人も多いのではないでしょうか。当然ながら、挟めていなければ計測できていないので、このカードで確認してみましょう。その際、**1-16**［鼻のかみかた］と併せて確認するのもよいでしょう。

また、お店や建物の入り口などでスタッフに自動検温器を突然向けられてびっくりした経験をした人もいるでしょう。学校で実施する場合には、**1-2**［歯科しんりょう］の道具と同様に、検温器に注目させてから測る配慮が必要です。

1-18 手のアルコール消毒

アルコール消毒は水道のない場所でも短時間で行えるというメリットがあり、以前より使う機会が増えたので、手洗い指導と併せて使い方を確認しておくとよいでしょう。

ちなみに、手洗いをしてからアルコール消毒をしている人を見かけますが、どちらか一方でよく、ノロウイルスなどアルコール消毒は効果がないものもあるそうです。

1-19a けんこうしんだん

運動会や移動教室など前々から準備をしていく行事ではなく、いつもの学校生活の中に組み入れられている「定期健康診断」などの活動が、予定変更が得意でない子にとってはパニックを起こしたり気持ちをざわざわさせたりするきっかけになることがあります。

保護者への連絡とは別に、子どもに対しても、実施する月や週のはじめや当日に検査項目のカードを掲示すれば、事前に予定が伝わり、見通しがもてるようになります。

1-19b 1-19c
視力けんさ / 視力けんさのやりかた

視力検査が子どもにとって難しいのは、視力表の文字のほか、足もとの線（立つ位置）、見るほうでない目を隠すなど、一度に注意しておくべき点がたくさんあるからです。

また、左右を瞬時に判断して答えることが難しい子は意外と多いので、支援が必要です。

生活編

気持ちのよい毎日を過ごすために①
〜日常生活のマナー＆生活習慣を身につけよう〜

2-1a 2-1b 持ち物カード / 持ち物チェック用の台紙

「忘れ物をしたら罰を与える」という方法はあまり効果がありません。失敗を過剰に気にする子になったり、保護者が手を貸しすぎたりと、逆効果になりかねません。プレッシャーをかけて失敗を強調するのではなく、「必要なものを自分で用意できた！」という成功体験が大切です。

[持ち物カード]や[持ち物チェック用の台紙]を使って、「明日、必要な物は？…これをかばんに入れよう」と、自分で確認しながら準備できるように支援しましょう。

さらに、P.84 で紹介している【基本文具セット】をあらかじめクラスに用意しておいて「忘れたって大丈夫！」な状況をつくり、失敗してもなんとかなる、ということも伝えてあげてください。

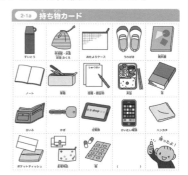

2-2 2-3 朝のしたく / 帰宅後にやること
2-4 2-5 1日のスケジュール /1 週間スケジュール

スケジュールの管理は、子ども自身がいつでも目で見て確認できることが大切です。[朝のしたく]カード、[帰宅後にやること]カードを使う際、最初は子どもが理解できる範囲を大人が見極め、少なめにカードを提示します。子どもの実態に合わせて[1 週間スケジュール]などと使い分けてください。

子どもが「自分の好きなことをする時間がない」と感じている場合は、[1 日のスケジュール]カードを使って、「必ずやること」「できればやること」「やりたいこと」にそれぞれどのくらいの時間を要するのか確認してみましょう。自由度の高い長期休みなどでも、活用していけるよう支援してください。

2-6a 2-6b 行事カード / 年間スケジュール表

[行事カード][年間スケジュール表]は、1 年間のスケジュールを示すことで、「いつ、どんなことが予定されているか」を見通すために使います。1 年という期間は実感をもって把握するには子どもにとっては長い期間ですが、友だちや家族の誕生日を示すとおおまかな目安になり、理解しやすくなります。

あいさつチェック / あいさつの言葉 / あいさつの基本

　あいさつはコミュニケーションであり、双方向のものです。「おはよう」と言葉を発しても、相手の存在を意識していない子もいます。相手を意識できていないから返事ができない子もいます。「気持ちのよいあいさつ」や「目を見てあいさつ」という形を指導する前に、まずは相手の存在に気づくことが大事です。そこで［あいさつチェック］カードを使って、「自分があいさつをする（べき）相手」ではなく、逆に「自分にあいさつをしてくれた人」を思い出してみるということから試してほしいと思います。

　相手からかけてもらった言葉や、そのときの気持ちを振り返ることで、思い浮かべやすかったり印象に残りやすくなったりすることもあるので、併せて［あいさつの言葉］カードの一覧表を提示しておくとよいでしょう。

　次の段階として「あいさつをしてくれた人にあいさつを返してみよう」という指導につなげ、お互いにあいさつすることの楽しさを体験してもらえるようにします。

　また、［あいさつの基本］カードを使って、あいさつをするときの相手との距離感やおじぎの角度などの一般的な目安も押さえておきます。その際、相手の目を見ることが得意でない子もいるということに配慮しましょう。

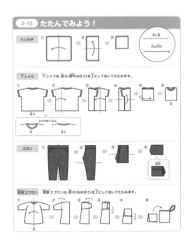

2-10 たたんでみよう！

　服をたたむという行為は、家庭や学校で毎日のようにある活動です。体操着、給食当番着、エプロン、着ていた服などをたたむときには、授業や活動時間の前後に、ある程度すばやく、それなりの形にまとめるということが求められます。

　だいたいのやり方を理解し、イメージしながら進められるようにするには、絵を見ながら手順を覚え、慣れていくのがよい方法です。

2-11 場所とルールのチェックシート

　校外学習に行く前や長期休みの前など、公共の場に行く予定があるときは、事前にその場での振る舞いかたについて［場所とルールのチェックシート］を使って、クイズ形式で確認しておくとよいでしょう。

2-12 声の大きさかくにんシート

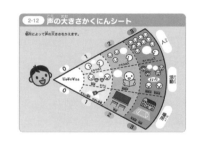

学校内での場面（給食・掃除の時間、授業中、体育館など）に合わせてどのような声の大きさが適切かを示しています。

教室に掲示し、「今は1の声（の時間）」と伝えたり、指の数で示したりしてもよいでしょう。公共の施設内では、基本的に1の声であることも併せて確認しておきましょう。

2-13a 2-13b 2-13c
バスに乗るとき / 電車に乗るとき / 自転車に乗るとき

1-10［男子トイレで立つのはどこ？］と同様の指導・支援ポイントになります。

2-14 はいぜんの基本

ごはん、汁物、おかずの3品の配置を示しています。地域や家庭により配置が異なる場合がありますが、基本形（ごはんは向かって左側、汁物は右側）を知っておくだけで、まずは十分です（洋食の場合も、パンなどの主食は左手前、スープは右手前、主菜は奥に置くのは共通）。

日常の食卓で習慣づけられていくことが大切です。これでなければダメと覚えるのではなく、周囲や本人が食べやすいように工夫することについて考えるきっかけにしてみましょう。

2-15 2-16 はしの使いかた / 食事のマナー

食器の扱い方や食事マナーには「してはいけない」ことが多くありますが、ここでは箸を上手に使えると便利だなと感じてもらい、食事を通じていい時間を共有し、安全においしく食べることを大切にしています。

2-17 食べ物とえいよう

食事は栄養バランスを整えるために「食べねばならぬ」と教え込むのではなく、「今回のメニューはこういう組み合わせになっているんだ」「このメニュー、しっくりくるな」などと意識できるようになることを優先します。その感覚を積み重ねることで、大人になって自分で食事内容を選ぶ場面で「この組み合わせ、ヘンだぞ」「これを減らしてこれを追加しよう」などと自然に考えられるようになることにつながります。

2-18 食べるりょう宣言カード

食べられない物がある子に対して「ひと口だけでも食べなさい」と指導することがいまだによくあります。ですが、その「ひと口」が逆に食べ物の嫌いな要素を、より強く感じさせて苦しいのです。

そこでまずは、自分の体調を考えながら「今日はこれくらい食べられるかな」と、具体的な量をイメージして選んだり、「これは減らしてほしい」という意思を表出したりするスキルを身につけてほしいと思います。

それらは将来的にも役立つものであり、苦手なものにもチャレンジしてみようとする気持ちの土台にもなるはずです。

2-19 物の持ちかた・使いかた（食事）
2-20 物の持ちかた・わたしかた（日用品）
2-21 物のわたしかたのコツ

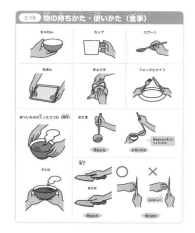

日常生活で頻繁に使用する物の中で、使いかたや持ちかたを誤ると危険な物について取り上げています。

持ちかたや使いかたに型やルールがあるのは、安全かつスムーズに使用できるためであることを理解すると、自然にできるようになりますし、物や渡す相手を大切に思う気持ちも育まれていきます。

2-22a ぞうきんのしぼりかた・ふきかた
2-22b ほうき・ちりとりの持ちかた・使いかた

そうじは学校生活でよく行われる活動を中心に示しました。片づけやそうじは、大人にも面倒だと思われやすいものですから、子どもには特に「キレイになる」「スッキリする」という結果（成果）が明確に得られるようにすることが大切です。

やり方の細かなルールを強いるのではなく「効率よく成果を出す」ためにノウハウがあるということが理解できると、子どもはいろいろな場面で自ら工夫をするようになるかもしれません。禁止事項を増やすより、子どもの前向きな姿勢をほめながら、習慣を身につけさせていくことが大切です。

気持ちのよい毎日を過ごすために②
～自分で「できる」ことを増やしていこう～

3-1a 3-1b 買う物メモ / 買い物のしかた

　大切なことをメモするということは、子どもにとっては意外と難しいものです。乱雑に書かれていて読めない、メモ自体を忘れてしまうということは大人でもあります。そこで、買い物の場面で［買う物メモ］を活用して、自分のほしい物が買えるという体験をします。メモの取り方、活用するメリットを理解するきっかけとしておすすめです。

　また、自分のほしい物のことで頭がいっぱいになってしまう子には、［買い物のしかた］で店に入ってから出るまでの流れを確認するとよいでしょう。ここでは現金で払うという流れにしていますが、電子マネーを使うことに変更してもよいでしょう。

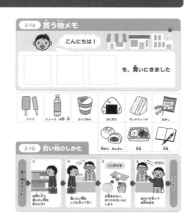

3-2 おこづかいの管理

　電子マネーを使う経験も大事ですが、現金という具体物が増えたり減ったりするのを実感することも大切です。1か月分のおこづかいが足りなくならないように計画的に使うことで、将来的にお金の管理ができることを目指します。

　ここではおこづかいをもらったときと入金・出金があったときに分けて、記録用紙をそれぞれ紹介しています。おこづかいを使い切るのではなく、月末にお金が残って翌月は先月より総額が増える＝貯金の体験につなげていくことを狙っています。

3-3 買いたい物リスト

　お金の管理は時間の管理と同様に、まず全体を見通して必要な出費を洗い出すことが大切です。残金（手もとにあるお金）と自分がほしい物を買う予算をどのように折り合いをつけていくかを考えます。カードを並べ替えて、その過程が目で見てわかるようにします。

3-4　家で１か月にかかるお金 調べ

「電気をつけっぱなしにしない」「水を無駄にしない」などと注意しても改まらないのは、それらが目に見えないもの、自分のおこづかいとは関係ないものだからという理由があります。

3-2［おこづかいの管理］で自分のおこづかいを大切に使うことを理解できたら、家庭で月々にかかるお金について知る機会をつくりましょう。数字だけでなく、絵カードを使って視覚的に捉えたり、絵カードをそれぞれ切り離して並べて１か月の給料をどう使うか考えたりできるようにします。

3-5　紙類（書類・プリント）の管理

書類やプリントは、ひとまず保管場所を１か所に決めていれば、必要なときに探し出すことができます。細かく分類しすぎると長続きしないので、もらったらとにかくクリアファイルに入れる、最低限のカテゴリに分けるというルールにします。カテゴリの分け方は、書類の種類でも保存の期間でもよいでしょう。

3-6　3-7　スケジュール表 / やくそくのしかた

予定の変更で不安になったり、変更内容を何度も確認したりする子がいます。大人から見れば学校の予定は「変更があってもしかたがない」ものですが、子どもにとっては大人との約束ごとです。変更が生じた場合はなるべく早く伝えたり、別案を出したりして、子どもの気持ちを受け止めながら対応することが必要です。ずいぶん前に変更になっていたとしても、「前に言ったでしょう？」ではなく、［スケジュール表］で変更内容を子ども自身が確認できるように視覚的に示しましょう。これらの大人の振る舞いかたが、［やくそくのしかた］などのような人間関係を築くモデルにもなります。

ここでは、１日の時間割を書く例を示していますが、子どもの実態に合わせて、中休みや給食の時間や持ち物、予定時刻などを記入してもよいでしょう。

生活編

ことわりかた / 仲間に入りたいとき / 友だちがないているとき

　いわゆる「空気を読む」ということが苦手なために誤解されたり、トラブルの原因になったりすることがあります。具体的な伝え方を学んでおくことも大切です。

　提示したプロセスどおりに行うということではなく、どのような行動をとれば、相手に伝わりやすいかを具体的に考えるためにこれらのカードを利用してほしいと思います。

3-11　3-12　こまった！をつたえる / ちこく・パニックお助けカード

　困っていることを伝えたいのに、伝えかたがわからずにさらに困った状況になる。相手の立場では些細なことをすぐ電話をしたり、逆に重要なことを連絡しなかったりなど、必要性を判断して相談をするのは子どもには難しいものです。まずは基本となる型を示すために、[こまった！をつたえる] カードを一緒に作成し、常に身につけておくとよいでしょう。

　また、「遅刻はいけないこと」だと強く思い込んでいる子は多く、必要以上に慌ててしまうことがあります。[ちこく・パニックお助けカード] で大切なのは安全に行動することや、相手に到着の目安を伝えることだと教えましょう。自分で見通しがもてない場合には、相手に一緒に考えてもらってもよいことを併せて伝えましょう。

3-13　「もしも」のときに

　110番と119番は、それぞれ、事件・事故のとき、火事・救急のときに利用しますが、混同して覚えている子がかなり多いようです。「110（とお）番はパト（とお）カー」「119（きゅう）番は救（きゅう）急車・消防車」と目と耳（絵と語呂合わせ）の両方で伝えると記憶に残りやすいでしょう。

3-14　きけんから身を守る

　不審者に遭遇したときは、一刻も早く周囲の人に伝えて助けを求めることを確認しておく必要があります。誰にも言わずに自宅や学校に早く着こうとしたり、保護者が帰宅した夜になってから伝えたりする子も多いのです。ＳＯＳを発信することが大事だとわかるように絵カードで印象づけておきましょう。

3-15 気持ちスイッチ

気持ちの切り替えがしにくい子はたくさんいます。子ども自身がそれを意識できないまま次の活動を始めようとして集中できなかったり、不注意が原因でトラブルが起きたりすることがあります。そこで、あえて［気持ちスイッチ］を使って切り替えるという、意識的な切り替えのきっかけを学ぶことを狙っています。

3-16 気持ちのものさし

自分の気持ちを的確に言い表したりできる子ばかりではありません。いろいろな感情が入り混じったままで衝動的な言動をしてしまう子はたくさんいます。気持ちをコントロールするためには、まず自分の気持ちに近いものはどれかを選ぶ活動をとおして、自分の状態に目を向けてみることが必要です。

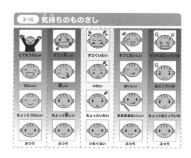

3-17 リラックスのしかた

環境に影響を受けやすく感情の起伏が激しい子、緊張が強い子は、気づかないうちに心身が疲れてしまいます。リラックスして短時間でできる活動をいくつか見つけておき、こまめに取り入れるようにするとよいでしょう。

そのような子は呼吸が浅いことが多く、深呼吸をするよう言われてもうまくできないことがあります。不安になったりパニックになったりすることを予防するために、自分の席でもできる「リラックスこきゅうほう」をカードにして身近においておくとよいでしょう。

3-18 作って食べよう〜カップめん〜

自分の好きなものを作れることは重要なライフスキルで、自信にもつながります。「自分一人でやってみたい」という前向きな気持ちと「うまくできた」という体験が自立の基盤となります。

ここではカップ麺作りを紹介していますが、子どもに合わせて、一緒に手順を確認しながら、少しずつバリエーションを広げられるような活動を探してみてください。

一人ひとりの学びを支えよう
〜『"わかる"が楽しい！』学びの土台〜

4-1 学校の道具

小学校では各自の道具箱を用意し、学校に置いておく物と毎日持ち帰る物を区別するという指導がよく行われます。その際には、絵カードを使った方法で持ち物を管理する習慣づけが効果的です。

小学校では年度はじめに伝えるだけになりがちですが、学年が上がるときはもちろん、学期ごとや学習の区切りごとに内容を確認して更新するとよいでしょう。家庭や中学校、高等学校では、一緒に考えながら各自でルールを決めることをおすすめします。

4-2a 4-2b しせいの基本 / ぐるぐるしせいカード
4-3 4-4 見てるよチェックカード / 聞きかた・話しかた

授業では、姿勢を保ったり、人の話に注意を向けたり、自分に発表が回ってきたりと、長い時間緊張をしています。ですから、授業中や授業前に意識的に力を抜いたり、気持ちを切り替えたりすることが大切です。[しせいの基本]を確認するだけではなく、[ぐるぐるしせいカード]や[見てるよチェックカード]を使って楽しく実践しましょう。[聞きかた・話しかた]はグループ活動を始めるタイミングで掲示すると意識しやすいです。

4-5a 4-5b ひらがなさがし / カタカナさがし

文字の線が一本多かったり少なかったり部首を間違えたりする子は、そもそも細部まで意識が向いていないことがあります。そんな子には間違い探しゲームのように、楽しみながら文字の構成に目が向けられる機会をつくってみましょう。大きく書いた「ぬ」の最後の丸くなっている部分を手で隠し、「『ぬ』と『め』どちらだと思う？」というクイズ形式も楽しいです。「ちょっとの違いで大違い」を知ることができます。

さらに、漢字学習では、**4-7**[漢字ハザードシート]を使って、特にどの領域に気をつけて書けばよいかを理解することも効果的です。

4-6　言葉の学習

　ひらがなとカタカナの文字カードを使った7つの学習を提案します。①空欄（□）に入る言葉を当てる、②バラバラに示された文字を組み合わせて単語をつくる、③最初に選んだ文字からはじまる単語を考える、④同じ文字を2回使う単語を考える、⑤濁音・促音・長音を含む言葉を文字カードを並べて表す、⑥文字カードでしりとり遊びをする、⑦色カードと絵カードを並べてから、色を形容詞にした一文をつくる。

　書く練習をする前にカードを選ぶ・並べる活動をしてウォーミングアップをしたり、理解度をおおまかに把握したりするとよいでしょう。

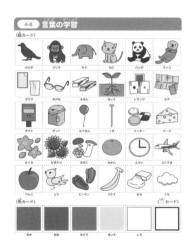

4-7　漢字ハザードシート

　『一人ひとりの学びを支えよう』（P.82）、**4-5a**［ひらがなさがし］を参照してください。

4-8　数の学習

　数の獲得の基本に、3と4の違いを数字の形や「さん」「よん」と音（数詞）で区別する以外に、数を集合として捉え■■■と■■■■の量（数対象）の違いを理解するということがあります。ここでは「数対象」を学ぶ活動を紹介しています。

　まだこれが難しいようなら、具体物や色を使って同様の学習をする活動や、積み木を3個用意して個数を確認してから2つに分けたり、2つに分けたあとにそれぞれの数を確認したりする活動を取り入れてもよいでしょう。

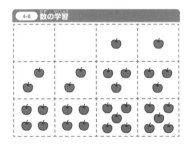

4-9a　4-9b　サイコロとこま / すごろくシート

　数概念の獲得には、「3」を見て「さん」と言ったり、「■■■」を見て「3」と表すなど、「数字」「数詞」「数対象」の関係を理解することが基本となります。このすごろくゲームは、3や●●●と書かれたサイコロを使い、出た目に従って「いち、に、さん」と言いながらこまを動かすことで、それらを結びつけることを狙っています。

　さらに、サイコロにはイラストで描かれた物の名前を音韻分解し、音韻の分だけ進むという目も入れてあります。数・音韻のどちらかに絞って学習をしたい場合や、子どもがつまずきやすい長音・促音が入った単語も学習したい場合など、目的に合わせてサイコロを作ってみてください。

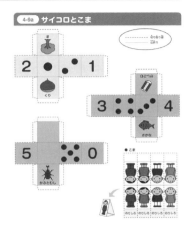

4-10 問題バラバラシート

文章題を解くには、文章題の意味を理解して立式できることが前提となります。文章に書かれている数がやりとりされる状況をつかみ、どんな式で表すことができるのかを理解するために、絵の内容やカードの長さ（量）を手がかりに、実際に絵カードを操作しながらイメージしてみてください。

4-11 絵（写真）を記録する

理科の観察日記から社会の調べ学習、夏休みの絵日記まで使える、（絵・写真）＋（文章）を組み合わせて記録するシートです。このシート自体をタブレットに取り込んで使うこともできます。

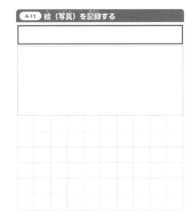

参考）iPad に PDF データを取り込んで利用する例

　文書作成アプリケーション Pages、プレゼンテーションアプリケーション Keynote では、PDF を直接読み込むことができます。読み込んだシートに直接ペンツールで書き込む（Pages の場合）、シートをスライドの背景にして、テキストフィールドにキーボードで打ち込む（Keynote の場合）といった使い方ができます。

※ご利用の端末やアプリケーションなどにより使い方は異なります。

4-12 絵のかきかたのコツ

「自由に描きましょう」と言えば、すべての子どもが自然に独創性を発揮するわけではありません。「見たまま」の空間を2次元で表現するのは、意外に難しいものです。描きたいイメージがあっても、うまく描けなくて困っている子もいます。

空間的な奥行きを理解し始めたときに、子どもたちは遠近法的な表現を試みます。奥行のある表現をよい意味でまねしはじめるのです。大小の絵のパーツを使うと、奥（遠くにあるもの）は小さい、手前（近くにあるものは）は大きいということが理解しやすくなります。

4-13 かべ新聞を作る

子どもたちが日々取り組んでいる活動をそのまま記者活動にすることで、大きな負担なく楽しい発信を続けることができる新聞作りを提案します。

新聞には、文章・写真・イラスト・4コマ漫画など、さまざまな要素（素材）が配置されています。各素材の中から、子どもは自分が得意としているものを選び、担当記者となって記事を作成して集約すれば新聞になります。デジタルとアナログを組み合わせた活動を、支援のヒントにしてもらえるとうれしいです。

4-14a 4-14b リコーダー / ハンドベル

リコーダーやハンドベルは美しい音が出る楽器です。でも、出す音を間違えて「失敗した」という経験をさせてしまいやすい教材でもあります。子どもが楽器の扱いかたを自分のペースで確認できるよう絵カードを掲示しておくほか、みんなと一緒に音楽をつくり上げる楽しさを大事にしたいものです。

まず自分の得意な音、一音だけを担当することから始めるのも一つの方法です。『ムーンリバー』や『エーデルワイス』など、曲調のゆっくりしたものがおすすめです。音楽の授業は文字どおり「音を楽しめる」時間にしたいですね。

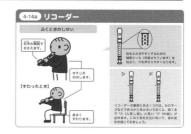

4-15 4-16 給食用具 / そうじ当番

学校の当番活動の代表例である、給食とそうじのカードです。子どもたちの担当と役割を明確にすることで、自分の仕事を理解して取り組める場面を増やしましょう。

配布物などは具体的な数を表示すると子どもが理解しやすくなり、間違いも減らせます。例のように、子どもの似顔絵を使うことで、子どもが自分たちで運営しているという気持ちをもつことができるでしょう。

ドロップレット・プロジェクトで
オリジナルカードを作ってみよう

◆ 見て理解を促す視覚支援ライブラリの Drops(ドロップス)

ドロップス (Drops: The Dynamic and Resizable Open Picture Symbols) は、ドロップレット・プロジェクトが開発した、視覚支援やコミュニケーション支援に活用できるシンボルライブラリです。

◆ サイトからシンボルが入手できます

ドロップレット・プロジェクトのウェブサイトでは約 1400 のシンボルが無償頒布されています。本書のカード教材を参考に、使用したい場面や子どもの実態に合わせて、掲示物や教材などのオリジナルの視覚支援ツールを作成してみてください。さらに、サイト内ではシンボルを応用したサポートブックなども提供されています。

ドロップレット・プロジェクトのホームページ

https://droptalk.net/

さらに、CD-ROM つきの本『視覚シンボルで楽々コミュニケーション』『視覚シンボルで楽々コミュニケーション②』（エンパワメント研究所）には、合計 2000 個のドロップス・シンボルが収録されています。

◆ 一覧から使いたいシンボルを選ぶだけ

ドロップレット・プロジェクトのウェブサイトから入手できるシンボルは画像 (GIF 形式) データです。すべてのシンボルデータをダウンロードすることもできますが、サイトで表示されている一覧から使いたいシンボルだけクリックして、お使いの PC に搭載されている標準的な画像閲覧ソフトウェア（Mac は「写真」または「プレビュー」、Windows10 は「フォト」など）で開くことができ、そのまま印刷することができます。

［ドロップレット・プロジェクトのシンボルを使った絵カードの作り方］

①使いたいシンボルをクリックして選び、画像のコピー、またはダウンロードをしてご使用の PC に保存します。

②ご使用の文書作成ソフト（Word や PowerPoint など）で画像として貼り付け、オリジナルの絵カードを作成し、プリントアウト（印刷）します。

※複数のシンボルを組み合わせると、本書でご紹介しているような動作や進行の流れがわかるカード教材が作成できます。

●ポスターのように掲示したり、小さなカードをリングで束ねて携帯したり、対象物に貼付したり、用途に応じて絵カードを加工することができます。

●必要に応じてラミネート加工をすれば補強になり、防水や劣化防止ができます。

注）ドロップスは複製・印刷・二次配布は原則として自由としています。
　　著作権は放棄していませんので、改ざんを施したうえでの再配布はできません。
　　詳しい利用許諾条件はドロップレット・プロジェクトのウェブサイトをご参照ください。

◆ いろいろな場面で絵カードを使ってみましょう

絵カードは視覚支援だけでなく、コミュニケーションや言葉の学習など、さまざまな場面で使われています。ドロップスには豊富な語彙があるので、いろいろな場面で必要な絵カードを簡単に作ることができます。

例えば…

●ロッカーや棚にカードを貼って、中に入っている物がわかるようにする

●カードに表示されている手順に従って、動作のプロセスを理解する

●カードの中から最も近いものを選んで、自分の気持ちや意思を伝える

●シンボルを使った一覧表を作って、役割分担や担当を明示する

などです。用途に合うシンボルを配置してオリジナルの絵カードを作り、子どもたちが自分一人で「できる」場面を増やすサポートに役立ててください。

おわりに

　障害のある子どもたちの学習やセラピーに関わりはじめた学生のころ、やりがいを感じるのと同時に、そこに関わることを苦しく感じることがありました。教材の工夫、言葉での指示のしかた、ほめかたなど、いろいろなことを予測して学習のフローチャートをつくり、正確にこなしていかなければならない。タイミングや指示がうまくいかなければ、子どもたちは誤った行動を示すことになる…そんな緊張感を常に抱えていました。教員になってからも「子どもたちの学習を成功させなければ」という一心で緊張感は解消されませんでした。この思いの先には「子どもたちの力を伸ばしてほしい」「障害を克服、軽減してほしい」という保護者の強い願いがありました。振り返ってみると、それが苦しさの原因だったのかもしれません。

　特別支援教育が始まったとき、少し風向きが変わったように感じました。障害のある子どもたちの教育において従来のメインストリームであった視、聴、知、肢体、病弱のほか、発達障害にもフォーカスされたこと、それによって教育が行われる場が特別支援学校、特別支援学級から通常の学級へと大きく広がりました。これまでもそうでしたが、子どもたちに求めることはもちろんあるけれど、TEACCH プログラム（*1）による自閉症の視覚支援に代表されるような、環境面からのアプローチの重要性が指摘されるようになったのです。すなわちそれは、当事者を訓練や練習によって変えることから、状況や周囲の働きかけの変化に伴う行動の変化を期待したり、もともと超えることが難しい課題のレベルの高さを細分化したりすることで成功経験を増やそうとするアプローチへと変わった瞬間でした。自分の中では支援の方向が180度変わったように感じ、とてもほっとしたことを覚えています。

　訓練的に刺激と反応を厳密にコントロールする、ということではなく、より個別で緩やかな基準のもと、通常の教室で指導する感覚で特別ではない支援の延長上に位置づけられた関わりとして感じられ、当事者である子どもたちも、そして支援する大人もフラットになるのではないかと考えたのです。同時期に改訂された学習指導要領解説にも、WHO（世界保健機関）が示す障害モデルが医療モデルの ICIDH から社会モデルの ICF（*2）へと変わったことが記載されました。このようなことから、指導に大きな変化が生まれることを期待していました。

　しかし、実際にはほとんど生じなかったのではと思います。変わるのはあくまでも子どもたちで、指導するのが大人という図式はそのままでした。環境からのアプローチとしての視覚支援はずいぶんと知名度が上がりましたが、単に、より端的な命令徹底手段として子どもたちの前に出てくることが多くはないでしょうか。「廊下は走りません」「授業中は立ちません」などと禁止ばかりを強いる支援。給食の時間、食べたくないものを絵カードで示しても「残してはいけない」と食べることを求める支援。毛筆で紙に縦書きしたときにしか生じないはずの「とめ」「はね」「はらい」にもかかわらず、タブレット端末にスタイラスペンで書いているのに、それらがないと警告音と×のシグナル……。

　どこまでも「今のままではダメ」「もっともっと」「しっかり頑張れ」と大人から子どもへの一方通行の支援は続いていきます。いつの間にか設けられた「普通」という基準。それは絶対的です。いくつかハードルをクリアしたとしても、また次の高いハードルが課せられ続ける。それでは全く楽しくありません。子どもたちも、大人もです。こういった図式、もういい加減にやめにしたくはないですか。

　繰り返しになりますが、学ぶことや生活することの困難さは、本人の努力だけではなく、環境の変化、周囲からの働きかけでも大きく変わります。何も特別なことではなく、私たち大人も同じです。日々の生活を見渡せば、誰もが物や他者の力を借りて生きています。移動するのに自動車を使い、記憶をするのにメモを書いたりスマホで写真を撮る。大事な言葉や番号は音声で録音することもあります。わからない言

葉はネットで検索します。あんなに英語を勉強したのに使いこなしている人はわずかしかいませんが、それでもネットの翻訳機能があれば、外国の人とおおよそのコミュニケーションは可能です。あれほどリコーダーを練習したけれど、プロのリコーダー奏者にはほとんどの人がなりません。けれど、ネットを使って音楽を聴いたり、シンセサイザーで演奏を楽しんだりしています。

　子どもも大人も学び生活するための方法はいくつもあり、どれを選ぶかは一人ひとり違うのです。共通するのは、今ある力で学ぶことや生きることを楽しむ。言い換えれば、楽しむために学び、生きているということです。誰も苦しむために学んだり生活したりすることありません。

　本書で紹介させていただいた絵カードや教材を使って、子どもたちの学習や生活がうまくいったり、楽しくなったりすることが増えることを祈っています。でも、もしうまくいかなくても、子どもたちを責めるのはどうかやめてください。一つ課題をクリアしたらさらに上のレベルと、どんどんハードルを上げることに使わないでください。むしろ、うまくいかなかったときこそが大事です。

　　どうして、そう行動するのだろう？
　　どうして、そこで間違えるのだろう？
　　どうして、何もしないのだろう？

　単にできる、できないではなく、**子どもたち一人ひとりの学びの有りようをしっかり見て、その意味を考えることが大人の仕事**です。どんな教材を使っても、いくら ICT を活用しても、「できる」「わかる」を体得できるのは子ども自身でしかありません。そして、できたこと、わかったことはもちろん大事ですが、それよりももっと大事なことは、「できてうれしい」「わかって楽しい」という気持ちを育てることなのです。そういった瞬間に居合わせることができるから教えることが楽しい仕事になるのではないでしょうか。そんな瞬間がこの本から生まれることがあるとすれば、筆者の一人として無上の喜びを感じます。

２０２１年５月　杉浦 徹

---

*1）TEACCH プログラム
Treatment and Education of Autistic and related Communication handicapped-Children の略。「自閉症及び関連するコミュニケーション障害をもつ子どもたちのための治療と教育」が本来の意味。アメリカ・ノースカロライナ州の州立機関で実践されている、自閉症のある方々やその家族、支援者を対象にした包括的なプログラム。

*2）ICIDH/ ICF
ICIDH は International Classification of Impairments, Disabilities and Handicaps の略で国際障害分類と言われる。ICF は International Classification of Functioning, Disability and Health の略で国際生活機能分類と言われ、ICIDH は病気や障害によってできないこと（マイナス面）を分類するものだったが、ICF は健康を見るときの基本的なものとして、本人ができること、意欲、周囲ができることなどの広い視野に立ってその人の可能性を引き出す分類である。

著者紹介

青木 高光

学校法人西軽井沢学園 さや星小学校 校長
独立行政法人国立特別支援教育総合研究所 特任研究員

- -

１９６７年生まれ。専門は AAC（補助代替コミュニケーション）。
長野県の小学校や特別支援学校で教え、障害児のコミュニケーション
支援に関わる教材開発や ICT 活用に取り組んでいる。
NPO 法人ドロップレット・プロジェクト代表理事。

杉浦 徹

東北福祉大学教育学部

- -

１９６９年生まれ。１９９６年から１７年間長野県公立学校教員とし
て、特別支援学校を中心に勤務。２０１３年から長野大学社会福祉学
部助教。２０１７年より独立行政法人 国立特別支援教育総合研究所
情報・支援部総括研究員、２０２１年４月から現職。専門は特別支援
教育。教材、教具の開発。

竹内 奏子

長野市立大豆島小学校 養護教諭

- -

長野県で養護教諭として勤務するかたわら、コミュニケーション・シ
ンボル「ドロップス」をはじめ、特別支援教育に関わるさまざまなデ
ザインを行っている。
表紙やイラストを担当した書籍は『こうすればできる！発達障害の子が
いる保育園での集団づくり・クラスづくり』（エンパワメント研究所）『特
別支援教育ですぐに役立つ！ ICT 活用法』（学研教育みらい）ほか、多数。

CD-ROM 注意事項

⚠ 注意　ご使用前に必ずお読みください。

- ●本来の目的以外の使い方はしないでください。
- ●必ず対応のパソコンで再生してください。
- ●直射日光の当たる場所で使用または放置・保管しないでください。反射光で火災の起きるおそれや目を痛めるおそれがあります。
- ●ディスクを投げたり、振り回すなどの乱暴な扱いはしないでください。
- ●ひび割れ・変形・接着剤で補修したディスクは使用しないでください。
- ●火器に近づけたり、熱源のそばには放置しないでください。
- ●使用後はケースに入れ、幼児の手の届かないところに保管してください。

＜取り扱い上の注意＞

- ・ディスクは両面ともに、指紋・汚れ・キズ等を付けないように扱ってください。
- ・ディスクは両面ともに、鉛筆・ボールペン・油性ペン等で文字や絵を書いたり、シール等を貼り付けないでください。
- ・ディスクが汚れた場合は、メガネ拭きのような柔らかい布で、内周から外周に向かって放射状に軽く拭いてください。
- ・レコードクリーナー、ベンジン・シンナー等の溶剤、静電気防止剤は使用しないでください。
- ・直射日光の当たる場所、高温・多湿な場所での保管は、データの破損につながることがあります。また、ディスクの上から重たいものを載せることも同様です。

＜利用についての注意＞

- ・CD-ROM ドライブ搭載のパソコンで再生してください（OS やマシンスペック等により再生できないことがあります。この場合は各パソコン、ソフトのメーカーにお問い合わせください）。
- ・CD-ROM に収録されているデータは PDF ファイルです。PDF ファイルをご覧になるにはアドビシステムズ社が配布している Adobe Reader が必要です（無償）。Adobe Reader をインストールすることにより、PDF ファイルの閲覧・印刷が可能になります。ダウンロードについては、アドビシステムズ社のサイト（https://adobe.com/jp/）をご確認ください。Adobe® Reader® はアドビシステムズ社の米国および／または各国での商標または登録商標です。Adobe Reader の不具合や利用方法については、アドビシステムズ社にお問い合わせください。

＜操作方法＞

- ・パソコンの CD-ROM ドライブにディスクを挿入して、内容を確認してください。
- ・CD-ROM には、カードのジャンルごとにフォルダが作成されています。フォルダの中には、カードファイルが入っています。ご覧になりたいファイルをダブルクリックするなどして、開いてください。

> **参考）CD-ROM の開き方（Windows8/8.1/10 の場合）**
> ① CD-ROM ドライブつきのパソコンにディスクを挿入
> ② 画面下タスクバーの「エクスプローラー」をクリック
> ③「PC」をクリック
> ④「ecard」を右クリック
> ⑤「開く」をクリック

＜権利関係＞

- ・本 CD-ROM に収録されている著作物の権利は、株式会社 Gakken、または、当該収録物の著作権者に帰属します。
- ・この CD-ROM を個人で使用する以外は、権利者の許諾なく譲渡・貸与・複製・インターネット等で使用することを禁じます。
- ・図書館での館外貸与は認めません。

 【館外貸出不可】
※本書に付属の CD-ROM は、図書館およびそれに準ずる施設において、館外へ貸し出すことはできません。

＜問い合わせ先＞

- ・CD-ROM の内容や不具合に関するお問い合わせは、下記にお願いします。
株式会社 Gakken「ヒューマンケアブックス」担当　　電話 03-6431-1576 （受付時間：9 時〜17 時　土日・祝日を除く）

※データを使用してのパソコン操作については、お使いのパソコンの説明書または各サポートセンターでご確認ください。
編集部では、操作に関するお問い合わせについてはお答えできませんので、あらかじめご了承ください。

絵で見てわかる！視覚支援のカード・教材 100

自分で「できる！」を楽しく増やす

2021 年 5 月 11 日　第 1 刷発行
2024 年 4 月 30 日　第 7 刷発行

著　者	青木高光　杉浦 徹　竹内奏子
発行人	土屋 徹
編集人	滝口勝弘
企画編集	東郷美和
編集協力	岡本侑子（エアインフィニティー）
デザイン	吉岡朋子
イラスト	竹内奏子　吉岡朋子
発行所	株式会社Gakken
	〒 141-8416　東京都品川区西五反田 2-11-8
印刷・製本所	大日本印刷株式会社

《この本に関する各種お問い合わせ先》
●本の内容については、下記サイトのお問い合わせフォームよりお願いします。
　https://www.corp-gakken.co.jp/contact/
●在庫については　Tel 03-6431-1250（販売部）
●不良品（落丁、乱丁）については　Tel 0570-000577
　学研業務センター　〒 354-0045 埼玉県入間郡三芳町上富 279-1
●上記以外のお問い合わせは　Tel 0570-056-710（学研グループ総合案内）

学研グループの書籍・雑誌についての新刊情報・詳細情報は、下記をご覧ください。
学研出版サイト　https://hon.gakken.jp/
ヒューマンケアブックスのサイト　https://gakken.jp/human-care/